LANCE-TOI, CUISINE, TU AS TOUS LES DROITS !

1. Le droit de tout goûter : pas d'interdit en la matière. Trop salé, trop sucré, trop fort ou trop fade... À toi de juger.

2. Le droit de ne pas tout aimer : omnivore vertébré, le gourmand a des goûts, il a le droit de les exprimer !

3. Le droit de changer d'avis : on déteste les huîtres aujourd'hui et les fromages qui p.... On en raffolera peut-être demain...

4. Le droit de tripoter, de sentir, de malaxer, de mâchouiller... la matière est vivante, il faut la goûter avec tous les sens.

5. Le droit d'essayer, et surtout le droit de rater. Se rappeler que les recettes naissent parfois d'un échec.

6. User, abuser d'audace !

7. Ne suivre aucun modèle mais respecter le cycle de la nature et préférer toujours les produits de saison.

8. Des recettes certes, mais pas de règles ! Elles ne sont là que pour te montrer le chemin, interprète-les comme bon te semble.

9. Cuisiner pour sa famille ou ses amis, c'est multiplier les proportions, mais c'est surtout gâter, réconforter, faire plaisir.

10. N'oublie jamais que c'est en cuisinant qu'on devient bon cuisinier. Alors, lance-toi, cuisine !

À ma grand-mère, à ma mère et à Raquel, qui ont fait de moi
la cuisinière que je suis

Merci à :
Marie Delafon, pour son oreille et ses papilles attentives.
Raquel Carena, pour ses conseils, son énergie, sa tendresse.
Pierre, Nino, Suzie et Marin, toujours heureux de passer à table !

ISBN : 978-2-07-065966-1

Loi n° 49-956 du 16 juillet 1949
sur les publications destinées à la jeunesse
Dépôt légal : octobre 2014 / N° d'édition : 264745
Photogravure : IGS
Imprimé en Europe

Carole Saturno

Thomas Baas

DU MONDE DANS TA CUISINE

Recettes pour voyager gourmand

GALLIMARD JEUNESSE

Sommaire

Des ustensiles

Voici une liste d'ustensiles qui te serviront tout au long de ta carrière de cuisinier ! Tout n'est pas indispensable au début mais au fur et à mesure de tes explorations, tu vas découvrir et manier habilement de plus en plus d'outils. Sois prudent avec les lames tranchantes… et les feux brûlants.

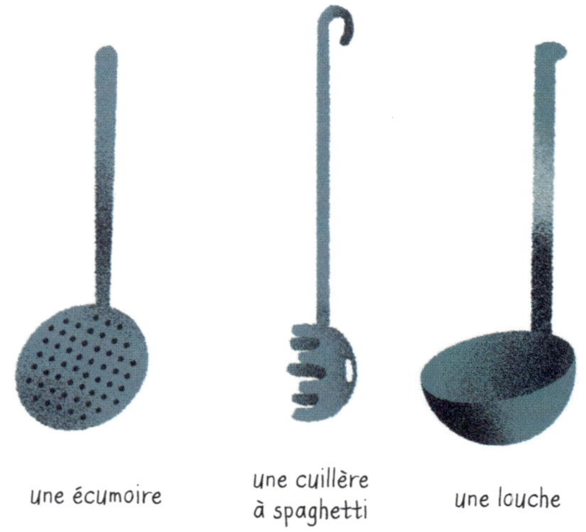

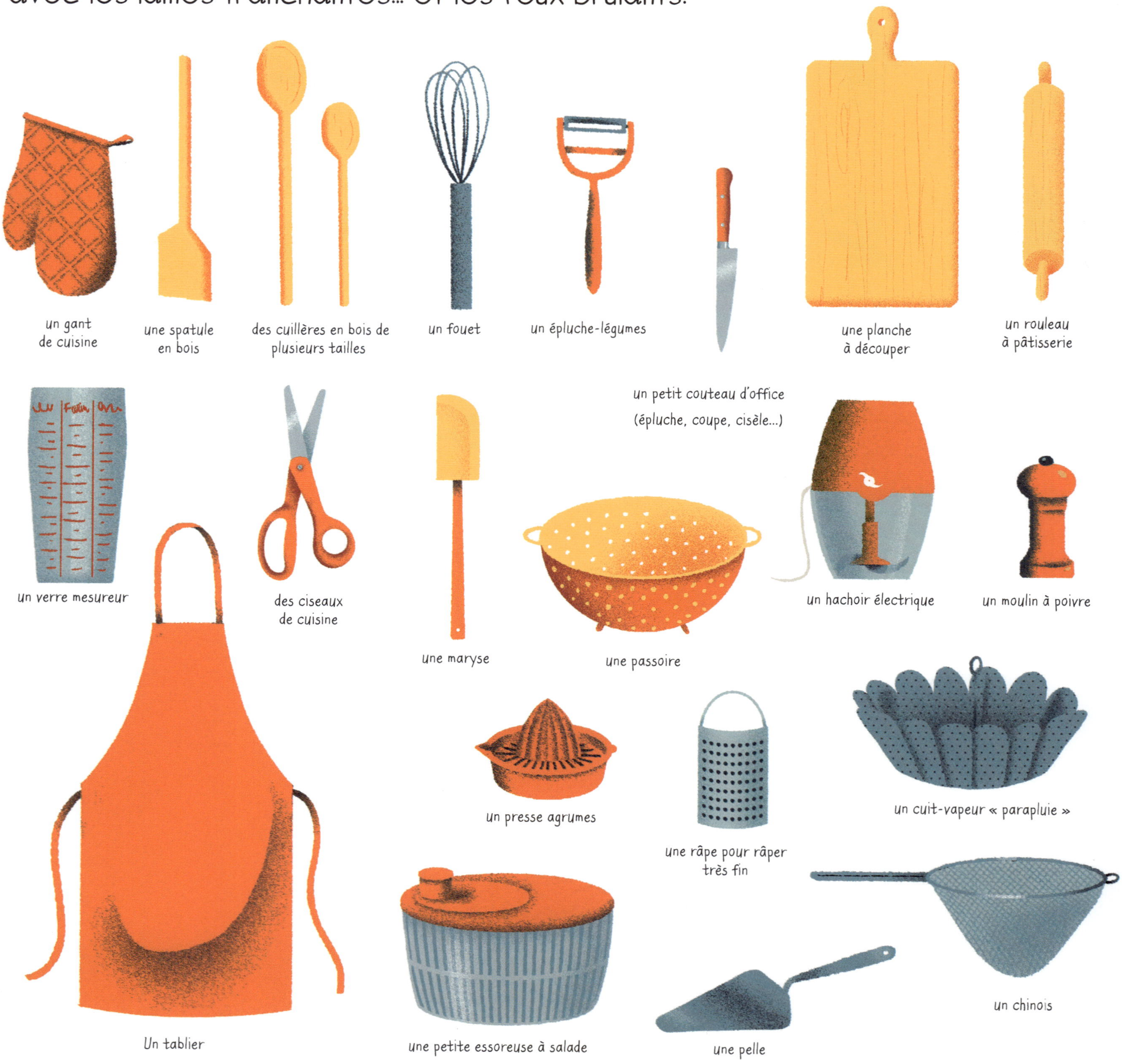

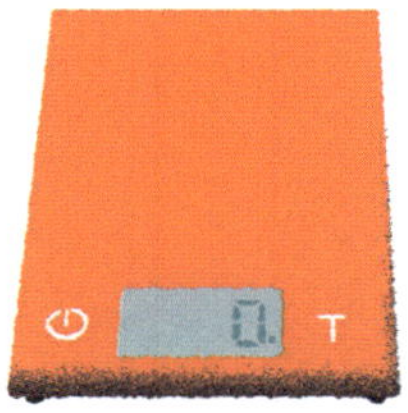
une balance électronique

une poêle antiadhésive

un wok

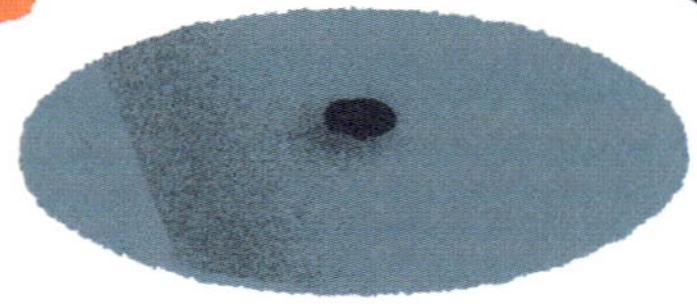
un couvercle

un récipient cul de poule

une poêle en fer

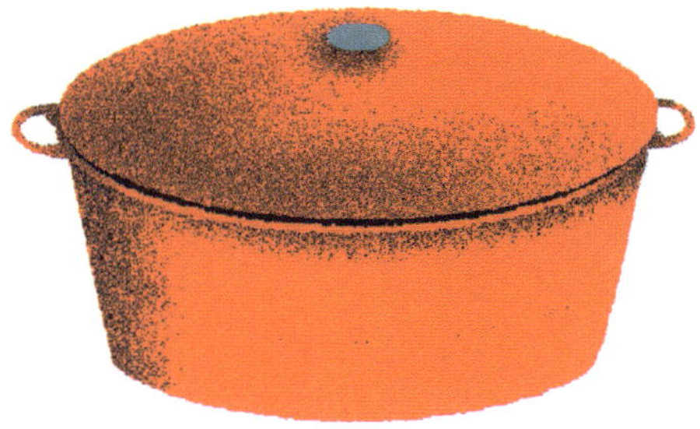
une cocotte en fonte

une petite casserole

un moule à gratin

un batteur

un moule à cake

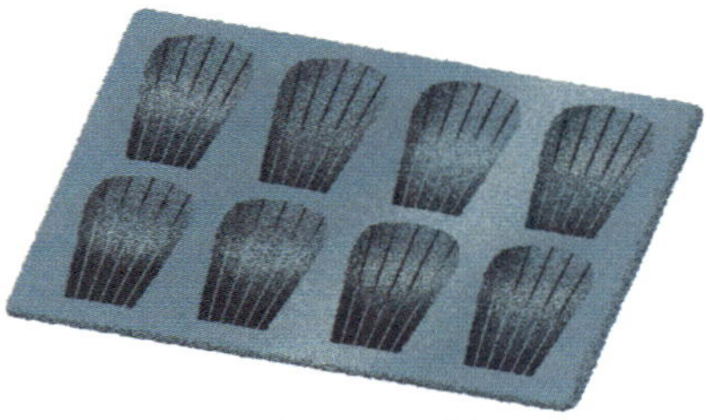
des moules à madeleines
(en métal antiadhésif de préférence
ou en silicone)

une mandoline

un makisu

une grande casserole

un moule à manqué rond

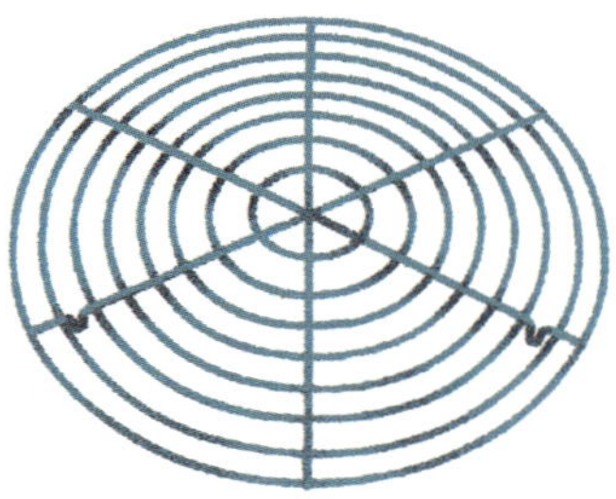
une volette

un blender

un mixer plongeant

un presse-purée

un moule à tarte

Les indispensables

Cette liste d'ingrédients est celle de ces indispensables qui servent à composer, épicer, parfumer, tes recettes et faire rentrer le monde dans ta cuisine ! Il y a ceux dont on ne peut se passer (ah, le sel qui réveille, le poivre qui emporte…) et ceux qu'on découvre. Dose toujours petit à petit, sois subtil pour pouvoir corriger si nécessaire !

farine

farine complète

quinoa

pâtes

pulpe de tomate

semoule de blé dur

riz basmati

petits flocons d'avoine

feuilles pour wonton

harissa

lait de coco

gros sel

sel fin

poivre noir

Ketchup, moutarde forte

câpres

cornichons

bouillon cube

huile de tournesol

l'huile d'olive

vinaigre de riz

vinaigre de vin

mirin

huile de sésame

sauce soja

lait
(de vache ou végétal)

morceau de parmesan
à râper

crème fraiche

coriandre

basilic

persil

beurre

oeufs

feta
ou fromage frais

échalotes

menthe

romarin

laurier

thym

oignons

ail

olives noires (genre
niçoises, de Nyons ou de
Gaeta, en Italie)

curry en poudre

cumin

gingembre frais

vanille
(en gousses ou en
poudre)

cannelle

noix de muscade

baies roses

safran

piment doux

amandes

raisins secs

levure

graines de sésame

noisettes

cacao amer

chocolat
en poudre

sucre vanillé

feuilles, d'algues nori

miel

sucre de canne

sirop d'érable

bicarbonate de soude

Faire les courses

Avant même de commencer à cuisiner, il est bon de faire la liste des ingrédients dont tu vas avoir besoin… Il manque toujours quelque chose ! Il faudra faire les courses. Mais si tu prends quelques bonnes habitudes, tu verras que ce ne sera plus une corvée parce que c'est comme un jeu…

Inspecter la cuisine

Après avoir lu la recette, inspecte la cuisine, ouvre le réfrigérateur, regarde dans le garde-manger et interroge les «gardiens du temple» (tes parents, tes hôtes, tes amis). Ils sont le mieux à même de te renseigner sur les provisions.
Il te faut du sucre de canne et il n'y a que du sucre blanc ? À toi de négocier et de voir si tu peux acheter un peu de sucre et faire découvrir un nouveau produit. Sinon, ne t'inquiète pas, le sucre blanc fera l'affaire. Les courses, c'est aussi une histoire d'économie !

Préparer son itinéraire

Quand ta liste est prête (c'est bien d'écrire sur un papier… une fois sur place, on a tendance à se laisser distraire et à oublier), prépare ton itinéraire. Faire ses courses, c'est une sorte de chasse au trésor !
Selon les produits dont tu auras besoin (frais, secs, surgelés ?), tu ne pourras pas forcément tout faire au même endroit.

Si tu habites en ville, tu peux aller sur un marché, puis dans une épicerie. Si tu habites à la campagne, tu peux trouver des légumes ou des fruits chez des maraîchers ou des fermiers, ou même dans ton potager si tu as cette chance… et aller à l'hypermarché pour compléter.
Tu peux aussi aller chez des commerçants : bouchers, poissonniers, primeurs ou vendeurs d'épices. En général, c'est un peu plus cher mais de meilleure qualité et il y a plus de choix. Pour cela aussi, renseigne-toi auprès de ceux qui ont l'habitude de faire les courses chez toi… Petit à petit, tu sauras aussi dénicher les bonnes adresses et les bons produits.

Sur place : bien regarder

Une fois sur place, apprends à bien regarder les produits : quand il s'agit de fruits ou de légumes, essaie de penser aux saisons… évite les tomates et les fraises en plein hiver ! Si elles ne poussent pas en serre surchauffée, c'est qu'elles viennent de très loin… Ce n'est pas bon pour la planète (et donc pour toi non plus).
Tu dois comparer les prix, et peut-être acheter quelques produits d'origine biologique. Il arrive qu'ils soient à peine plus chers et dans les supermarchés bio, ils sont vendus en vrac (tu n'achètes que ce dont tu as besoin).
Respecte ta liste, n'achète pas trop de choses pour éviter de gaspiller…
Prépare un grand cabas, un panier, un caddie à roulettes voire même un sac à dos si c'est ce qui est le plus confortable pour toi. Rappelle-toi qu'on met toujours au fond ce qui est solide (paquets de sucre, farine, bouteilles de lait…) et ce qui est fragile dessus (salade, fruits, œufs…). Aujourd'hui, on distribue de moins en moins de sachets plastique. C'est mieux pour la nature, ça n'est qu'une question d'habitude.

Chapitre 1

De bon matin

Après une longue nuit de sommeil, le corps humain a besoin d'énergie pour repartir du bon pied. Rien ne vaut le petit déjeuner et c'est parfois une bonne raison de se lever ! Selon les pays et les cultures, il s'apparente à un vrai repas consistant comme au Vietnam où l'on mange un bon bouillon de bœuf, le phô, que l'on prend chez soi ou dans la rue. En Europe, les classiques vont du petit déjeuner à la française (pain, beurre, confiture) au breakfast à l'anglaise (bacon and eggs) mais rien n'interdit de varier les plaisirs et de tenter d'autres plats, sucrés ou salés. Ce qui compte, c'est de ne pas partir à l'aventure le ventre vide et de commencer la journée avec des sucres lents (pain, céréales) et des protéines (laitages, fromages, œufs...) qui vont doucement diffuser leurs bienfaits dans la belle machine qu'est ton corps.

Soda bread

Du pain beurré et de la confiture : c'est la recette la plus simple du monde… mais qu'est-ce que c'est bon ! Ce pain irlandais est une aubaine : il est prêt en une heure à peine et a la consistance d'un gâteau, une mie dense et un goût bien à lui, qui s'accommode très bien de beurre et miel, beurre et confiture… ou en version salée avec du saumon, du jambon, une lichette de comté.

Ingrédients pour 1 pain

Pour ce pain, si tu peux acheter de la farine bio, c'est mieux. Ce n'est pas un ingrédient très cher et, comme on utilise de la farine complète (qui a gardé l'enveloppe des grains), il vaut mieux que les céréales aient été cultivées sans engrais ni pesticides.

170 g de farine complète

170 g de farine blanche

290 ml de lait fermenté (lait ribot, babeurre ou kéfir)

1/2 c à café de bicarbonate de soude (en pharmacie ou au rayon condiments du supermarché)

1/2 c à café de sel fin

Facultatif : *1 c à soupe de flocons d'avoine*

Le secret de ce pain, c'est le mélange bicarbonate et lait fermenté qui fait lever la pâte.

❶ Préchauffe ton four à 200° C. Dans un saladier, mélange les farines, le sel et le bicarbonate. Fais un puits et verse doucement ton lait fermenté en remuant avec une fourchette. La pâte ne doit être ni trop sèche (ou ajoute un peu de lait) ni trop collante (ou ajoute de la farine)…

Osiris, maître du pain

Le pain a accompagné l'histoire de l'humanité. **Osiris, dieu égyptien,** était le maître du pain. À Pompéi, sous la cendre, on a retrouvé des pains ronds et des graffitis témoignant de sa bonne réputation. Et puis les religions aussi s'en sont emparées : à Pâques, les juifs mangent du pain sans levain (pain azyme) pour commémorer leur fuite d'Égypte, quand ils n'ont pu attendre que le pain lève. Pour les chrétiens, c'est le symbole du corps du Christ.

D'autres pains

La pâte à pizza (page 28) est une pâte à pain. Tu peux t'en inspirer pour faire des essais et fabriquer ton pain en ajoutant des graines (tournesol, courge, pavot...) ou des fruits secs (raisins, noisettes...). Avec du beurre, de la crème liquide et un peu de sucre dans une pâte à base de levure fraîche, tu feras des **pains au lait** et avec des œufs, une **brioche**.

Marie trempe ton pain

La tartine est sans doute la reine du petit déjeuner à la française, avec une baguette croustillante et un beurre au bon goût de crème. Et d'ailleurs, en France, « on trempe » ! On trempe dans le lait, dans le café... N'en déplaise à ceux qui ont les cheveux dressés sur leurs têtes !

Avant d'enfourner le pain, n'oublie pas de faire une belle croix sur le dessus avec la pointe d'un couteau. Cela permettra au pain de bien gonfler et de cuire uniformément.

❷ Sur le plan de travail saupoudré de farine, forme une boule de pain. Ne la pétris pas, ne la brutalise pas, mais au contraire sois très doux avec cette miche, c'est ce qu'il lui faut. Place-la ensuite sur une plaque ou sur un moule à tarte un peu plus large. Tu peux ajouter quelques flocons d'avoine si tu aimes ça.

❸ Fais cuire 30 à 35 min, jusqu'à ce que le pain prenne une belle couleur caramel. Laisse refroidir sur une volette. Ce pain se mange tiède ou réchauffé au grille-pain. Les Irlandais l'apprécient avec du beurre et de la marmelade d'oranges. Goûte, c'est délicieux !

Bacon and eggs

C'est « l'autre » grand classique du petit déjeuner, celui que nos voisins britanniques opposent au petit déjeuner continental. Salé et plus riche que de simples tartines ou des viennoiseries, les œufs au plat et le bacon croustillant n'en sont pas moins délicieux et la manière la plus efficace de tirer les gourmands hors de leurs lits. Le bacon a le mérite de parfumer toute une maison !

Ingrédients pour 1 personne

4 tranches de bacon tranché finement (3 mm !)

Si tu ne trouves pas de bacon (en supermarché ou chez ton boucher-charcutier), prends du lard fumé.

2 œufs de bonne qualité, extra-frais, et bio si possible !

des tranches de bon pain voire un pain de mie toasté

du piment d'Espelette ou du paprika (selon tes goûts)

un poivre bien parfumé (comme le poivre noir de Sarawak, par exemple)

quelques grains de sel

Si tu as une poêle en fer, n'hésite pas, c'est encore mieux.

❶ On commence par poêler le bacon. Utilise de préférence une poêle antiadhésive et des cuillères en bois ou en silicone. Dispose les tranches sur la poêle froide et chauffe à feu moyen. Après quelques minutes, retourne-les pour qu'elles dorent uniformément. Tu peux recommencer jusqu'à ce que le bacon soit croustillant comme tu l'aimes…

La marmite anglaise

En plus des quatre saveurs de base bien connues (acide, sucré, amer, salé), il en existe une cinquième, l'**umami**, découverte au début du XXe siècle par un chimiste japonais. C'est le goût du glutamate, qu'on trouve naturellement dans le parmesan, la sauce soja ou la tomate par exemple. Si tu veux que ta langue se souvienne de l'umami, essaie de goûter la Marmite, une pâte à tartiner dont raffolent les Anglais sur un toast beurré. À base de levures, riche en vitamines, elle a un goût très marqué qu'on adore ou qu'on déteste !

D'autres recettes d'œufs

Les œufs peuvent aussi être dégustés **brouillés**. Il suffit de les fouetter avec un peu de crème fraîche et de les cuire dans une poêle en remuant continuellement jusqu'à ce qu'ils prennent la consistance d'une **omelette** un peu baveuse ! En France, la version légère de ce petit déjeuner consiste à déguster un **œuf à la coque** ! Plonger l'œuf bien frais 3 min 30 dans l'eau bouillante et c'est prêt !

Chacun sa méthode pour casser un œuf : sur le bord de la poêle, sur le plan de travail... Il faut essayer de ne pas répandre de blanc à côté de la poêle et préserver le jaune ! Quoi qu'il en soit, sers-toi de tes deux mains et n'appuie pas trop fort sur la coquille.

❷ Sur une assiette avec un papier absorbant, pose le bacon puis prépare les œufs. S'il reste un peu de gras du bacon dans la poêle (ni trop, ni trop peu), fais chauffer à feu moyen. Tu peux ajouter une noisette de beurre et/ou un filet d'huile d'olive selon tes goûts. Quand ça grésille, casse les œufs dans la poêle, chacun d'un côté.

L'œuf est prêt quand les bords du blanc forment comme une dentelle caramélisée. Le jaune doit rester moelleux et ne pas devenir sec. Ce serait terrible ! Il faut pouvoir tremper des mouillettes !

❸ C'est seulement quand l'œuf est cuit qu'on l'assaisonne et, si possible, laisse le jaune intact, c'est plus joli : un tour de moulin à poivre ou une pincée de piment doux, quelques grains de sel et c'est prêt. Fais glisser les œufs dans une grande assiette, ajoute les tranches de bacon et savoure avec du bon pain !

Riz au lait

Une des comptines les plus chantées par les enfants d'Amérique latine dit : « riz au lait, je veux me marier avec une jeune fille de la capitale... » On le sert au dessert mais aussi au petit déjeuner. Et, parce qu'il est tout doux, facile à faire, qu'il embaume dans la cuisine, c'est l'une des recettes préférées des enfants, de celles dont on a la nostalgie quand on grandit.

Ingrédients
pour 6 personnes

70 g de sucre de canne

1 l de lait C'est bien meilleur avec du lait frais et entier (qui a gardé sa crème) !

165 g de riz rond

1 gousse de vanille

1 bâton de cannelle

Facultatif :
1 gousse de vanille ou de la vanille en poudre, des zestes de citron, un bâton de cannelle...

❶ Verse le lait dans une casserole à fond épais qui dispose d'un couvercle. Dès que tu vois la surface du lait former une petite peau et des petites bulles frémir, jette le riz en pluie.

Surveille le feu, le lait déborde vite et d'un coup... C'est fastidieux à nettoyer et ça sent mauvais dans la cuisine !

Les céréales, un bon carburant !

Le corps humain est une machine qu'il faut alimenter chaque jour pour qu'elle fonctionne bien. Pour démarrer la journée du bon pied, les céréales constituent une source d'énergie idéale et la base d'un petit déjeuner sain... Mais, trop souvent, celles que l'on trouve dans le commerce sont trop sucrées et trop grasses. Préfère-leur les mélanges de flocons (muesli et granola), avec des fruits secs et même du chocolat si tu es gourmand, ou prépare-toi un grand plat de riz au lait pour plusieurs jours. C'est délicieux et économique !

Avec des céréales et du lait !

En Grèce, le **rizogalo** chatouille les papilles de bon matin avec ses zestes de citron et la cannelle. Plusieurs recettes lui ressemblent et s'inspirent de ce mélange céréales et lait parfumé : les perles translucides de tapioca au Brésil (**pudim de tapioca**) ou en Asie du Sud-Est, de la Maïzena et de la fleur d'oranger avec des pistaches au Liban (**mouhalabieh**), des flocons d'avoine chez les Anglosaxons (**porridge**), du pain et des fruits secs (noisettes, raisins)... En ajoutant des œufs à cette recette de base, on obtient alors des puddings parfaits, plus riches et plus gourmands ! Et pourquoi ne pas essayer avec du lait de coco, du lait d'amande ou du lait de chèvre ?

C'est le moment d'ajouter les zestes de citron, de la vanille ou un bâton de cannelle.

❷ Mélange délicatement, avec un fouet ou une cuillère en bois pour bien mêler les grains de riz au lait et éviter qu'ils ne collent au fond.

❸ Couvre et baisse le feu, la cuisson doit se faire tout doucement pendant 20 à 30 min. Régulièrement, donne deux ou trois tours de cuillère toujours pour que le riz n'attache pas.

❹ Ne t'inquiète pas si ton riz au lait te semble trop liquide. En refroidissant, il va s'épaissir et les grains de riz continuer à se défaire... La consistance parfaite, c'est un riz crémeux, pas trop sec !

Laisse bien refroidir. Le riz au lait est meilleur quand il est tiède et même après une nuit au réfrigérateur.

Arepas venezolanas

Au Venezuela, pays situé au nord de l'Amérique latine et baigné par la mer des Caraïbes, la meilleure manière de commencer la journée est de croquer dans une arepa. C'est une galette de farine de maïs qu'on peut farcir comme bon nous semble, mais qui se mange plutôt salée que sucrée. Chaudes, dorées, avec une croûte gourmande, elles sont nourrissantes et faciles à préparer.

Ingrédients pour 6 personnes

environ 2 verres d'eau tiède

2 verres de farine de maïs précuite
Au Venezuela, on utilise la Harina Pan, vendue dans certaines épiceries exotiques. Tu peux aussi prendre de la polenta. Choisis celle qui est déjà précuite et la plus fine possible.

POUR LA GARNITURE

Beurre, fromage frais (Saint Môret ou Philadelphia), ou mozzarella pour remplacer un de ces fromages typiques du Llano vénézuélien (région d'élevage) ou œuf, oignon et tomate...

une bonne pincée de sel

❶ Dans un saladier, fais un puits avec la farine et le sel. Ajoute progressivement l'eau tiède et, du bout des doigts, commence à mélanger l'ensemble pour que les ingrédients s'amalgament.
Quand la pâte est lisse, ni collante, ni trop sèche et qu'elle ne se fissure pas, elle est prête à cuire.

« Plus vénézuélien qu'une arepa »

Cette expression très populaire montre à quel point cette recette rassemble les Vénézuéliens, pauvres ou riches, jeunes ou âgés, qu'on mange les arepas dans la rue ou chez soi. Le fait qu'il y ait ou qu'il n'y ait plus de farine de maïs précuite dans les supermarchés est un indicateur de paix sociale ou au contraire de troubles à venir… Les rayons n'ont qu'à bien se tenir !
Dans les Andes vénézuéliennes, les arepas ressemblent davantage à des crêpes épaisses. Elles sont préparées avec de la farine de blé et sont servies avec une crème épaisse, la nata, qui ressemble à notre crème fraîche.

Des arepas sur tous les fronts

Au Venezuela, les deux recettes les plus connues sont l'**arepa pabellón** (petits haricots noirs typiques et **carne mechada,** lanières de viande de bœuf cuite avec des oignons, des tomates, des épices…) et l'**arepa reina pepiada** (blanc de poulet cuit effiloché et assaisonné, avocat et mayonnaise). Cette dernière recette a été inventée pour plaire à Miss Monde 1955, titre que les Vénézuéliennes ont souvent remporté. Si tu es plus téméraire, tente le **perico**, que tu prépares en faisant revenir oignon et tomate coupés menu dans une poêle avant de les mêler à un œuf brouillé.

Une chanson populaire vénézuélienne dit : « ma grand-mère n'a jamais fait de géométrie mais, dans ses mains, les arepas devenaient bien rondes ! »

La pâte doit juste prendre une couleur dorée sur les bords, quelques minutes suffisent. On dit que les arepas sont cuites quand elles « sonnent creux » quand tu toques sur la croûte !

❷ Préchauffe le four à 180 ° C. Forme, avec la pâte, des galettes en les roulant dans la paume de ta main. Il faut qu'elles soient bien rondes et aplaties. Pose-les sur une assiette ou une planche à découper en attendant. Tu peux l'utiliser tout de suite ou l'emballer et la mettre au frais jusqu'au moment de poêler les arepas.

❸ Utilise une poêle antiadhésive ou, encore mieux, une poêle en fer que tu auras légèrement graissée au préalable avec une noisette de beurre (attention à ne pas laisser brûler le beurre !). Quand c'est chaud, dispose les galettes sans qu'elles se touchent. Quand il te semble qu'une légère croûte s'est formée dessous et qu'elle se détache de la poêle, retourne l'arepa pour qu'elle cuise de l'autre côté.

❹ Sur une plaque ou dans un moule à tarte, dispose les arepas pour qu'elles achèvent leur cuisson au four une dizaine de minutes. Elles doivent légèrement gonfler.
Au Venezuela, on les mange avec une noisette de beurre à l'intérieur ou du fromage frais.

Chapitre 2

Street food

Street food, « cuisine de rue » en anglais, désigne toutes les spécialités qui sont préparées dans les grandes villes du monde ! Petits plats vite faits bien faits, en général plutôt bon marché et nourrissants, on les emporte chez soi ou on les consomme debout ou en marchant, à la va-vite. Venues des campagnes ou ayant traversé les océans dans les poches des migrants, ces recettes sont connues de tous et gagnent à être préparées à la maison, pour prendre son temps et retrouver leurs origines !

ラーメン

Hamburger maison

Vite acheté, vite englouti, le hamburger s'est bâti une mauvaise réputation : celle de faire trop grossir. Le faire chez soi, c'est s'assurer de choisir de bons produits et le cuisiner avec soin et gourmandise !

Ingrédients
pour 2 hamburgers

2 buns (pains ronds) Regarde les ingrédients. Moins la liste est longue, mieux c'est. Tu peux aussi acheter des muffins.

200 g de viande de bœuf hachée (15 % de matières grasses). C'est une viande assez bon marché. Si tu peux, achète-la chez le boucher, voire au rayon bio d'un supermarché. C'est meilleur au goût et bon pour la planète.

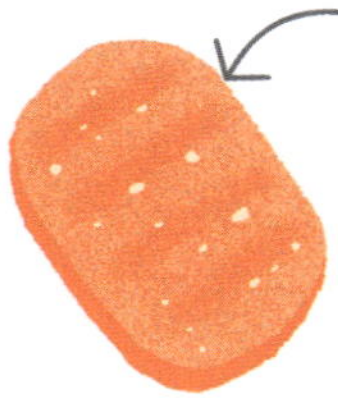

quelques tranches de mimolette

des cornichons aigre-doux

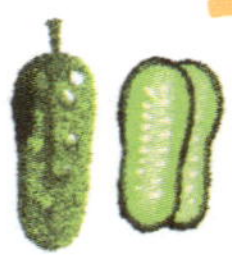

salade (feuilles de laitue) ou graines germées

1 oignon coupé en rondelles fines (attention aux doigts !) que tu auras rapidement poêlé dans une cuillère d'huile de tournesol

huile de tournesol
sel, poivre

ketchup ou moutarde douce

❶ Toaste les buns au grille-pain.

Selon que tu aimes la viande bien cuite ou saignante, tu peux prolonger la cuisson ou l'arrêter.

❷ Fais bien chauffer la poêle avec une petite cuillère d'huile de tournesol. Attention, l'huile ne doit jamais brûler. Dispose les deux steaks façonnés à la main, sans les tasser. Normalement, tu dois entendre la viande crisser. Au bout de 2 min, donne un tour de moulin à poivre, jette quelques grains de sel et retourne les steaks avec une spatule. Laisse saisir l'autre côté encore 2 min.

Petite histoire du hamburger

Au XIXe siècle, les marins de la compagnie qui reliait Hambourg à New York consomment des steaks de viande hachée et assaisonnée. Le hamburger naît de ces voyages où les migrants retrouvent dans cette cuisine le goût de leur patrie. La popularité vient après-guerre : les frères MacDonald installent un stand de burgers à côté de leur salle de cinéma... C'est un tel succès que celui qui leur fournit les hachoirs à viande a l'idée de fonder la chaîne de restaurants aujourd'hui mondialement connue.

D'autres sandwichs

Cette recette est tellement simple qu'on la trouve sous tous les climats avec d'autres viandes : le **kebab** à base de mouton mariné en Turquie, les **keftas,** boulettes de bœuf ou d'agneau aux herbes, en Afrique du Nord et dans les Balkans. Avec d'autres pains aussi : la **pita** (pain blanc au levain) que l'on trouve au Liban ou en Syrie. Le **bagel**, pain rond avec un trou, inventé à Vienne en Autriche, a conquis l'Amérique grâce aux migrants juifs d'Europe centrale. À New York, il n'est pas rare de démarrer la journée avec un bagel au saumon fumé ! Le **jambon-beurre** (dans une baguette !) est le sandwich français par excellence.

❸ Sale et poivre pour finir et dispose les tranches de mimolette sur la viande chaude, laisse reposer dans la poêle.

❹ Pendant la cuisson des steaks, tu peux t'occuper de préparer les pains. Sur chaque moitié, étale une noisette de ketchup mélangée à la moutarde (sauf si tu n'aimes pas ce goût).

❺ Pose ensuite ta viande avec quelques rondelles d'oignons, des lamelles de cornichons, la salade et recouvre avec l'autre moitié de bun. Recommence avec le second bun et sers vite. Le hamburger doit se manger chaud.

Bol de ramen

Les ramen sont des nouilles accommodées à toutes les sauces et tous les bouillons du nord au sud du Japon. C'est le plat le plus populaire, qu'on aspire en vitesse sur le quai d'une gare ou dans un centre commercial, à toute heure du jour ou de la nuit. C'est un plat complet qui se suffit à lui-même.

Ingrédients
pour 2 personnes

❶ Pèle la noix de gingembre et râpe-la (attention à tes doigts). Fais chauffer une cuillère à soupe d'huile de tournesol (ou de sésame pour un goût plus authentique) dans une poêle haute, idéalement un wok. Ajoute la viande et l'ail écrasé, ensuite le chou émincé ou les pousses de soja, fais revenir pendant quelques minutes.

Le plat préfére de Naruto

En 1958, la marque Nissin invente les nouilles déshydratées. Un peu d'eau bouillante et c'est prêt. Il se vend aujourd'hui près de 150 millions de paquets dans le monde ! Les ramen sont aussi le plat préféré de Naruto, le héros du manga mondialement connu adapté en dessin animé. Son nom vient d'ailleurs d'un ingrédient qui ressemble à du surimi, un mélange de poisson avec une spirale rose en son centre. Essaie de les manger avec des baguettes. On te pardonnera de faire du bruit en les mangeant, c'est même bien vu au Japon – on appelle ça « tsuru-tsuru » ou «zuzotto», l'art d'avaler en faisant du bruit !

D'autres bols de ramen

Comme pour les pâtes italiennes, les ramen s'accommodent au Japon de mille manières selon les saisons, les terroirs et les habitudes ! En hiver, dans le nord de l'archipel, on prépare des bols fumants riches et gras pour reprendre des forces. À Tokyo, le bouillon est plus clair et délicat, à base de poisson et de viande. Voici quelques variantes mais il faut laisser libre cours à ton imagination ! Tu peux composer ton bol de ramen selon tes goûts, ajouter des légumes de saison, des crevettes, des carottes, des pois gourmands... Essaie d'imaginer le résultat final avant même de commencer : comment les couleurs se marieront, comment tu présenteras le plat...

❷ À part, réchauffe le bouillon dans lequel tu auras ajouté une cuillère à café d'huile de sésame et une cuillère à soupe de soja.
Verse quelques louches dans la poêle et laisse frémir à feu très doux.
Vérifie l'assaisonnement : tu peux ajouter un peu de sauce soja si ça n'est pas assez salé.

❸ Fais cuire les ramen dans une casserole d'eau bouillante, à peine quelques minutes en général. Vérifie le temps de cuisson sur le paquet.

❹ Quand les nouilles sont prêtes, répartis-les dans deux bols, verse quelques louches de bouillon et de viande (attention à ne pas te brûler !). L'ensemble ne doit pas être inondé : c'est juteux mais ça n'est pas une soupe.
Tu peux décorer les bols avec quelques feuilles de coriandre, donner un tour de moulin à poivre et servir rapidement.

Pizza margherita

Une simple pâte à pain qu'on assaisonne d'un peu de poivre, de basilic, de saindoux (graisse de porc) et de fromage : voilà comment la pizza est née au Moyen Âge. Avec la tomate, rapportée d'Amérique du Sud au XVIe siècle, elle est devenue l'un des plats les plus populaires au monde. La margherita est la version basique et préférée des Italiens !

Ingrédients pour 1 pizza

POUR LA PÂTE

Si tu es très pressé, tu peux acheter de la pâte à pain chez le boulanger ou une pâte à pizza au supermarché. Mais c'est meilleur et plus drôle de la faire soi-même !

250 g de farine

eau (10 à 15 cl)

1 c à café de gros sel

10 g de levure fraîche (1/4 de cube)

POUR LA GARNITURE

une dizaine de tomates cerises coupées en deux seulement si c'est la saison

huile d'olive

400 g de coulis de tomates

gros sel

basilic frais et origan

1 mozzarella Si tu trouves une mozarella au lait de bufflonne, c'est encore mieux.

poivre

❶ Dans un saladier, verse la farine et forme un petit creux. Dispose les grains de sel sur les bords. Au centre, effrite la levure fraîche du bout des doigts et verse ensuite lentement un verre d'eau tiède (commence par 10 cl). Avec deux doigts, remue doucement et toujours dans le même sens pour faire fondre la levure et mêler petit à petit la farine.

Prends ton temps, ajoute encore un peu d'eau jusqu'à ce que la pâte soit douce et un peu élastique, comme la peau.

❷ Pétris la pâte sur un plan de travail. Si elle colle, remets un peu de farine ! Forme une belle boule. Ensuite, patience : laisse lever la pâte loin des courants d'air dans le saladier que tu recouvres d'un torchon. Une heure plus tard, elle doit avoir doublé de volume.

C'est l'histoire d'une pâte...

Oui, une histoire miraculeuse, cette histoire de la pizza : comment une recette « pauvre », à peine un peu d'eau, de levure, de farine, tomate et mozzarella, a pu conquérir le monde à ce point ? Grâce aux Italiens, sans doute, qui ont émigré dans le monde entier... Avec 8 kg de pizza par personne et par an, ils n'arrivent cependant pas à la cheville des Américains qui en consomment désormais 13 kg chaque année ! Fine (comme à Rome) ou plus épaisse (comme à Naples), surgelée, à la coupe, à emporter..., la pizza est partout parce qu'elle est facile à manger et bon marché !

« La pizza è una cosa seria »

Merguez, viande hachée, œuf ou ananas... On trouve de tout sur une pizza ! Tu peux donc créer tes propres recettes, selon tes envies, mais rappelle-toi qu'en Italie, la pizza est une affaire sérieuse et les meilleures recettes sont les plus simples, en choisissant toujours des produits frais : mozzarella, jambon de parme, roquette; pommes de terre émincées à la mandoline, romarin, poivre; coulis de tomates, jambon cuit, champignons de Paris; mozzarella, gorgonzola, parmesan, taleggio. Tu peux aussi refermer ta pizza en deux, tu auras un **calzone**, un chausson !

❸ Pendant que la pâte lève, assaisonne ton coulis dans un saladier : quelques grains de sel, deux tours de moulin de poivre, 2 c à soupe d'huile d'olive et, si tu aimes, une gousse d'ail écrasée finement et de l'origan. Réserve pour plus tard.

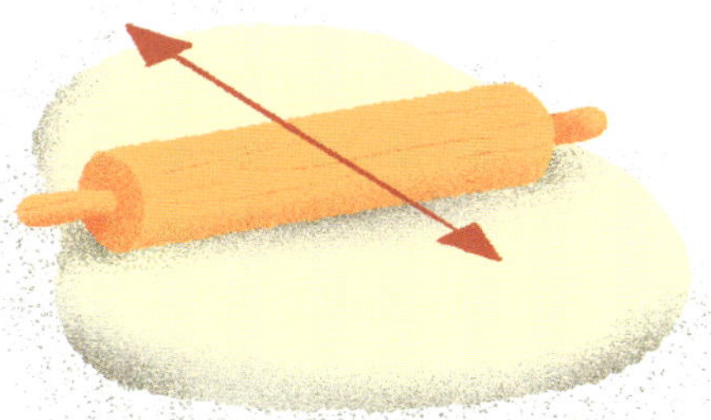

❹ Préchauffe le four à 240 °C.
Prépare une plaque huilée ou un moule rond. Pour étaler la pâte, deux méthodes : soit directement sur le moule avec la paume, soit au rouleau sur un plan de travail fariné.

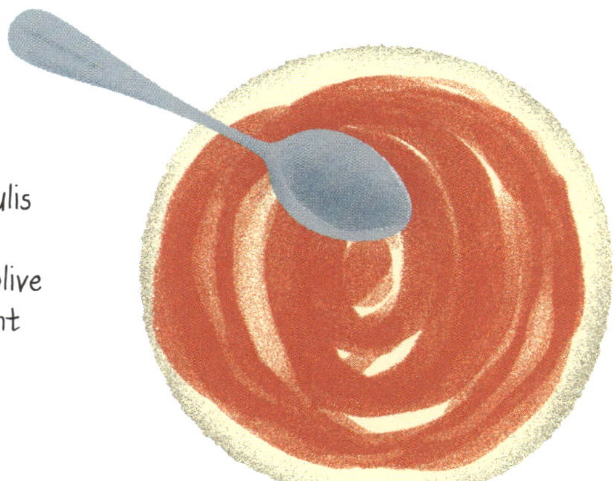

❺ Verse plusieurs cuillérées de coulis de tomates et étale avec le dos de la cuillère sans appuyer. Recouvre toute la pâte presque jusqu'au bord. Enfourne la pizza.

❻ Pendant qu'elle commence à cuire, tranche la mozzarella en rondelles, en lanières ou en cubes. Au bout de 10 min, dispose le fromage dessus (et les tomates cerises) en prenant garde de ne pas te brûler. Remets au four, et en quelques minutes (5 à 10), le fromage va fondre et la pâte devenir dorée. Avant de servir, coupe de belles feuilles de basilic avec des ciseaux, verse un filet d'huile d'olive sur la pizza encore brûlante et jette quelques grains de sel. Déguste immédiatement !

Quiche lorraine

La quiche lorraine illustre le destin de quelques plats qui, partis des campagnes, ont conquis les cuisines de toutes les grandes villes. Comme la pizza, la quiche était une recette pauvre, enrichie au fil du temps, et qui est de tous les fonds de placards et de toutes les saisons.

Ingrédients pour 1 quiche

INGRÉDIENTS POUR LA PÂTE

- **100 g de farine**
- **50 cl d'eau froide**
- **200 g de beurre ramolli**

Utilise de la farine bise T 80 : moins raffinée, elle donne un petit goût et une belle couleur à la pâte. Tu peux aussi acheter une pâte toute faite ; dans ce cas, vérifie qu'elle soit pur beurre.

INGRÉDIENTS POUR LA MIGAINE

- **10 cl de lait de lait**
- **3 œufs bio**
- **un pot de 25 cl de crème fraîche épaisse** (surtout pas allégée !)
- **200 g de lard fumé en allumettes ou en bâtonnets**
- **poivre**
- **une pincée de sel**
- **épices** : muscade, piment doux...

❶ Verse la farine en puits dans un récipient, coupe le beurre en morceaux, ajoute le sel et l'eau. Travaille d'abord du bout des doigts pour bien mélanger les ingrédients puis avec la paume. Quand elle ne colle plus au récipient, arrête de la travailler, elle est prête.

❷ Fais rissoler les lardons dans une poêle avec une noisette de beurre, à feu moyen. Donne un tour de moulin de bon poivre. Quand les lardons chantent et commencent à prendre une belle couleur rose foncé, voire qu'ils commencent à griller par endroits, arrête le feu.

La quiche venue des champs

À l'origine, il s'agit d'une pâte à pain garnie d'une préparation appelée « migaine » qui remplit l'estomac autant qu'elle le réconforte : des œufs et de la crème. Ensuite, à la campagne où trottaient quelques cochons, on a ajouté des lardons… et remplacé la pâte à pain par une pâte plus riche faite avec du beurre. La quiche est née, qui vient probablement de l'allemand « Küchen », gâteau. Aujourd'hui, on fait des quiches avec à peu près tout mais la recette traditionnelle, accompagnée d'une salade verte, fait un repas parfait !

Quiches toujours

Avec la combinaison pâte brisée et migaine, tu peux préparer des quiches de toutes sortes : petits bouquets de brocolis cuits à la vapeur, pomme en cubes, fromage bleu ; moutarde (sur le fond de tarte), thon, tomates cerises ; moutarde, poireaux émincés que tu auras fait revenir dans un peu de beurre avec du curry, comté râpé ; saumon frais en lamelles, épinards, chèvre frais.

Tu peux laisser la pâte reposer au frigidaire mais attention à ce qu'elle ne durcisse pas trop ou tu auras du mal à l'étaler.

❸ Pour étaler la pâte, farine le plan de travail pour qu'elle ne colle pas. Avec le rouleau, fais un beau cercle d'une épaisseur de 5 mm environ. Aide-toi du rouleau pour soulever la pâte et la disposer dans un moule à tarte. Installe la pâte au fond, en veillant à ce qu'elle soit bien collée aux bords et ajuste ici ou là ce qui dépasse, ce qui manque. Préchauffe le four à 200 • C et dispose la grille au premier étage en partant du bas.

❹ Prépare la migaine dans le récipient de la pâte (pour ne pas avoir trop de vaisselle à faire !) : casse les œufs, ajoute la crème, le lait, les épices… et mélange le tout énergiquement au fouet.

❺ Quand c'est homogène, tu peux répartir les lardons sur le fond de tarte sans garder le gras qui reste au fond de la poêle. Verse la migaine sur les lardons. Enfourne la tarte pour une petite demi-heure.

Pendant qu'elle cuit, tu peux préparer une belle salade (une laitue fera l'affaire) avec une vinaigrette bien moutardée (1 c à café de moutarde, sel, poivre, 1 c à soupe de vinaigre de cidre ou de jus de citron, 3 c à soupe d'huile de tournesol ou d'olive).

Chapitre 3

En pique-nique

La nourriture nomade, c'est ce qui se mange en marchant contrairement au repas qui implique certains rituels (s'asseoir à table, prendre le temps de savourer...). C'est aussi le fait de transporter sa nourriture pour manger ailleurs, en pique-nique ou en voyage. La légende raconte qu'Attila le Hun attendrissait sa viande sous sa selle en galopant dans les steppes d'Asie centrale avant de la dévorer, crue. Depuis cette époque, selon les cultures et les terroirs, on a trouvé des recettes inspirées par une cuisine qui se partage, rafraîchissante et facile à transporter.

Salade grecque

La salade grecque, c'est un condensé de l'été : des couleurs qui rappellent la Méditerranée, du frais, du croquant et c'est les vacances dans l'assiette ! Cette salade, à la fois très simple et parfumée, accompagne souvent les repas. On picore au fur et à mesure, chaque bouchée rafraîchit autant qu'elle met en valeur les autres plats.

Ingrédients
pour 2 personnes

3 tomates moyennes
Tu peux varier les couleurs et les formes, certaines sont jaunes, vertes zébrées, rondes ou allongées ! Choisis-les encore fermes, mais suffisamment mûres.

100 g de feta
coupée en cubes ou écrasée à la fourchette. Ce fromage frais de brebis est une spécialité grecque.

1 oignon rouge

L'oignon rouge réputé plus doux donne une belle couleur à la salade. Tu peux aussi utiliser des oignons frais avec leurs fanes vertes que l'on coupe menu.

1 beau concombre

des olives noires ou vertes

__Facultatif :__ herbes fraîches et un peu corsées, persil plat, roquette, cresson... câpres, 2 œufs durs coupés en quartiers

vinaigre de vin

poivre noir bien parfumé

huile d'olive

quelques grains de sel...

Dans cette salade, l'acidité du vinaigre ne doit pas trop se sentir : faire une vinaigrette peu corsée.

❶ Commence par préparer la vinaigrette au fond du saladier. Sel en premier (pas trop, il y a déjà plusieurs ingrédients salés), puis poivre, et enfin une cuillère à café de vinaigre. Mélange pour que le sel fonde et ajoute ensuite 3 c à soupe d'huile d'olive.

Mange bien, vis longtemps !

Beaucoup de légumes, des céréales, le tout raisonnablement arrosé d'huile d'olive, des fruits et moins de viande ou de produits laitiers : cette façon saine de se nourrir est aujourd'hui connue dans le monde entier sous le nom de « régime méditerranéen ». Comme tous les autres êtres vivants, nous avons besoin de diversité pour subsister... Si l'on ne se nourrissait que d'un type d'aliment, on dépérirait.

Plantes aromatiques

Sur un rebord de fenêtre, un balcon, ou dans un coin de jardin, c'est très facile de semer quelques graines et de regarder pousser le persil, la menthe, le basilic ou quelques tomates cerises. C'est la meilleure façon de comprendre comment la nature produit ce qui arrive dans nos assiettes !

D'autres salades

On pourrait faire une salade grecque avec tous les légumes de saison, crus ou cuits, pour peu qu'ils soient assaisonnés simplement (huile d'olive, vinaigre, sel, poivre). Cette salade se décline aussi en une version plus originale avec des cubes de pastèque bien froids pour remplacer les tomates et les concombres – ou les accompagner. Quelques feuilles de menthe et le tour est joué ! En Italie, la classique **tomate-mozzarella-basilic** est une sœur de la version grecque... Plus douce, moins croquante, elle n'en est pas moins savoureuse, à condition de choisir de bons produits.

❷ Coupe les tomates en quartiers sur une planche, en étant prudent avec le couteau. Si les fruits sont gros, recoupe-les. Attention à ne pas écraser les tomates. Mets-les au fur et à mesure dans le saladier, tu mélangeras à la fin.

❸ Pèle ensuite le concombre, soit intégralement (s'il n'est pas bio ou si tu n'aimes pas la peau) soit en laissant une bande sur deux, ça fera de jolies tranches contrastées. Coupe ensuite des tranches fines... Si tu n'y arrives pas, ce n'est pas grave, c'est bien aussi de conserver le croquant de tranches plus épaisses !

❹ Émince l'oignon en rondelles très fines pour qu'il ne pique pas sous la langue et ajoute la feta et les olives et éventuellement quelques herbes, câpres ou œufs durs. Remue délicatement, c'est prêt ! Avec quelques tranches de pain, c'est un repas complet.

Salade veggie

Ses petits grains ronds font penser à une céréale or le quinoa appartient à la famille des betteraves et des épinards ! Riche en protéines et en fer, il est devenu l'ingrédient chéri des végétariens ! Contrairement aux idées reçues, il n'a rien d'une nouveauté : il était déjà cultivé il y a 5 000 ans en Amérique latine par les populations précolombiennes.

Ingrédients pour 2 personnes

150 g de quinoa ou l'équivalent de ¾ d'un mug
Il existe en blanc ou rouge et c'est joli de mêler les deux dans l'assiette.

1 avocat mûr
(pas trop dur, pas mou)

1 pomme verte

quelques branches de céleri
Utilise le cœur en particulier, qui va du jaune pâle au vert clair.

herbes fraîches

1 citron

huile d'olive

poivre, sel,

❶ Avant de cuire le quinoa, il faut le rincer plusieurs fois. Si tu as une balance, amuse-toi à peser la quantité nécessaire, mais sinon prends un mug, une grande tasse qui te servira de verre doseur. Pour l'égoutter, le mieux est d'utiliser un chinois.

De la viande ? Non, merci !

Être végétarien, c'est refuser de consommer de la chair animale, bien qu'on puisse toutefois accepter de manger des produits laitiers, des œufs ou du miel (sinon, on est végétalien). C'est un choix motivé par des convictions personnelles liées à sa culture, à sa santé ou à sa religion… Les hindouistes, par exemple, considèrent que la vie est trop sacrée pour servir à la survie des plus forts. On peut aussi manger peu de viande, être végétarien la plupart du temps sauf en quelques occasions, au restaurant ou quand on est invité. On est alors flexitarien !

Veggie pas triste

La cuisine végétarienne ne rime pas avec cuisine triste ! Pour ta santé, et pour la planète, il est recommandé de consommer moins de viande, car l'élevage est une activité fortement émettrice en gaz à effet de serre. Pour remplacer les protéines animales, cuisine des légumes nourrissants comme les lentilles, les pois chiches, les haricots secs. N'oublie pas les céréales complètes comme le riz par exemple ou le sarrasin qui sert à la préparation des galettes. Prépare des vinaigrettes bien moutardées, ajoute des fruits secs, des herbes, des zestes, du gingembre râpé…

Pour la vinaigrette, presse un jus de citron, ajoute un peu de sel, du poivre et mélange avec 3 c à soupe d'huile d'olive.

Tu peux conserver la peau de la pomme, elle donne un ton de vert supplémentaire, apporte du frais et des vitamines.

❷ Ensuite, mets le quinoa dans le double de son volume d'eau froide (2 x 3/4 de mug !). Couvre la casserole, porte à ébullition en veillant à ce que l'eau ne déborde pas, puis baisse le feu. Après 10 à 12 min, éteins et laisse le quinoa gonfler dans son eau en ajoutant seulement à ce moment-là une 1/2 c à café de gros sel. Quand une petite queue apparaît nettement au bout de chaque grain, égoutte le quinoa dans le chinois et laisse refroidir.

❸ Pendant la cuisson, tu peux préparer les autres ingrédients et la vinaigrette. Lave les branches de céleri et coupe-les en petits morceaux sur une planche. Ajoute le tout à la vinaigrette. Pèle l'avocat, coupe-le en deux dans la longueur et ôte le noyau. Coupe ensuite des tranches puis des cubes et réserve-les dans le saladier. Même chose avec la pomme, coupée en petits carrés.

❹ Enfin, hache les herbes menu, ajoute le quinoa égoutté et mélange soigneusement.

Tortilla de patatas

Il y a sans doute autant de recettes de tortilla que de familles espagnoles... et chacune t'assurera que sa recette est la seule qui vaille. On la mange à toute heure, sur le pouce, à la récré, ou à l'heure des tapas, à la plage ou en pique-nique ! On peut discuter des ingrédients (oignons ou pas ?) et de la manière de la cuire mais, pour tous, la tortilla est nourrissante, réconfortante et économique !

Ingrédients pour 4 personnes

4 œufs
bio de préférence
On compte en général 1 ou 2 œufs par personne.

Facultatif :
un gros oignon

4 pommes de terre moyenne
Choisis plutôt celles pour la purée, à chair tendre.

huile d'olive

sel fin, poivre

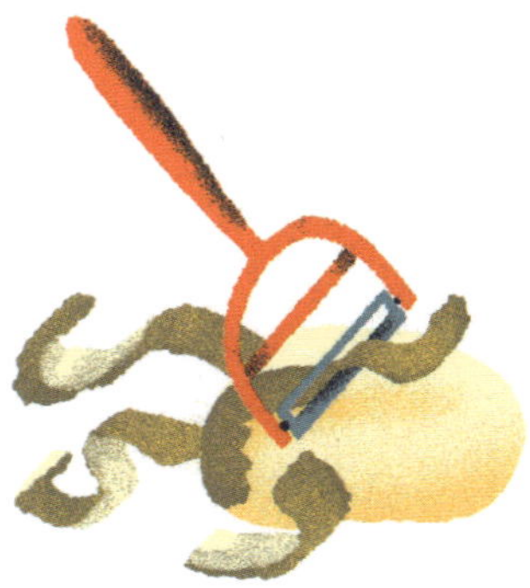

❶ Commence par éplucher les pommes de terre. Le mieux est d'utiliser un éplucheur ou un économe. Rince-les et essuie-les avec un papier absorbant. Coupe-les en rondelles assez fines, elles cuiront plus vite. Si tu trouves une mandoline, c'est idéal. Sois prudent en la manipulant.

Tapas para todo el mundo

La tradition des tapas a gagné le monde entier… En Espagne, où les horaires des repas sont plus tardifs (on déjeune vers 14 h, on dîne vers 22 h), les tapas aident à patienter en attendant de passer à table… Variées, ces bouchées peuvent aussi faire l'objet d'un vrai repas, d'autant qu'elles sont savoureuses : outre l'incontournable tortilla, on pique des calamars frits, du jambon sec, des petits poivrons sautés, du poulpe a la gallega (bouilli et assaisonné au paprika), des anchois marinés et aussi des patatas bravas, « patates en colère », servies avec une sauce piquante…

D'autres tapas

À emporter en pique-nique ou pour un apéritif dînatoire, tu peux préparer de petits toasts tartinés de tapenade, trancher un bon chorizo espagnol (une saucisse légèrement épicée d'ail et de piment doux), couper des bâtonnets de crudités (carottes, concombre, radis…) avec un aïoli (mayonnaise à l'ail), servir des cubes de tomme de brebis…
À Barcelone, tu mangeras partout du **pa amb tomàquet** (pain à la tomate en catalan). Facile à faire chez toi : des tranches de bon pain (même une baguette fera l'affaire) que tu frottes avec la moitié d'une tomate pour que la pulpe sorte, arrosées de quelques gouttes d'huile d'olive. Ça te rappellera peut-être la **bruschetta** qu'on mange en Italie !

Pour la cuisson des pommes de terre, procède en plusieurs étapes, elles seront meilleures. S'il le faut, ajoute à chaque fois un peu d'huile d'olive.

Si tu aimes les oignons, c'est le moment de les émincer à la mandoline (ça fait pleurer) et de les faire suer dans la même poêle que celle des pommes de terre jusqu'à ce qu'ils dorent légèrement.

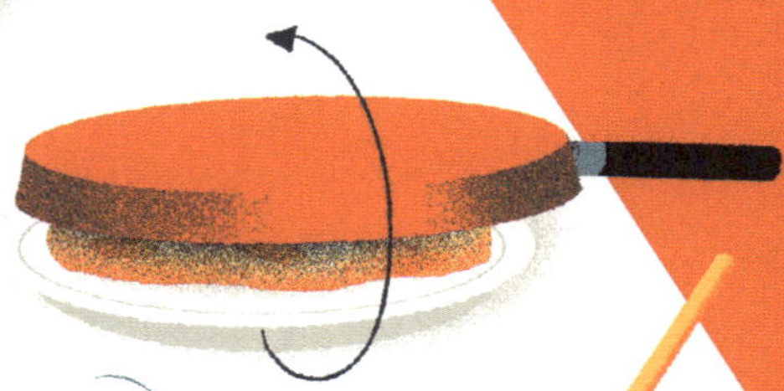

❷ Dans une poêle antiadhésive, fais chauffer 2 c à soupe d'huile d'olive. Quand elle est chaude (ne la fais pas brûler, c'est nocif !), fais glisser les rondelles de pommes de terre mais veille à ne pas remplir la poêle. Sale et poivre. Réserve-les. Fouette les œufs dans un cul-de-poule. Sale, poivre et ajoute les pommes de terre et éventuellement les oignons, remue soigneusement, n'écrase pas !

❸ Verse la préparation dans une poêle chaude (avec 1 c à soupe d'huile d'olive). Avec une spatule en bois ou en silicone, à feu moyen, vérifie près des bords que l'omelette n'attache pas. Quand tu vois qu'elle commence à être cuite dessous et qu'elle se fige aussi dessus, il faut la retourner !

❹ Fais-la délicatement glisser sur une grande assiette, retourne la poêle dessus et renverse dedans le côté qui doit finir de cuire… Avec la spatule, rabats les bords dessous, pour qu'elle ait une belle forme arrondie. Tu peux la laisser refroidir et la couper ensuite en gros cubes ou en parts.

Elle est délicieuse à peine cuite mais elle « vieillit » aussi très bien… Donc on peut préparer une grosse tortilla et la partager ou la manger plus tard.

Makis

On dit que la cuisine est le miroir d'une civilisation. La manière dont les Japonais s'emparent de la présentation de leurs plats, l'attention portée aux détails, la vaisselle, l'harmonie des couleurs, les produits de saison et la façon de les préparer en sont un bel exemple ! Dans leur bentô (boîte-repas), les Japonais glissent souvent des makis, bons, faciles à faire et à manger.

Ingrédients pour 2 rouleaux

1 tasse de riz rond blanc ou long
Évite de prendre un riz qui ne colle pas ou un riz basmati.

2 feuilles d'algue nori
Tu les trouves dans les supermarchés bio ou asiatiques.

1 petit filet de saumon frais sans arêtes

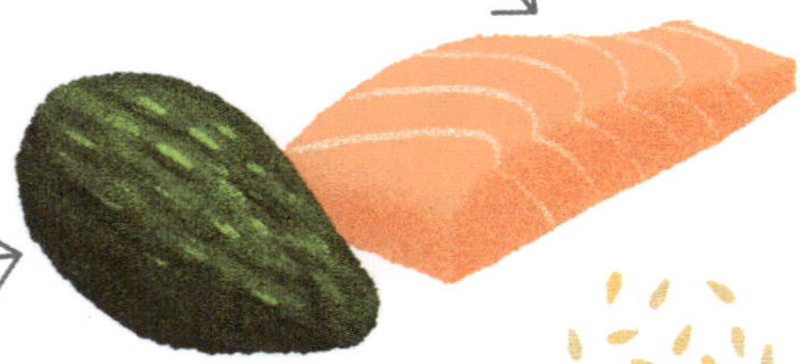

1 avocat mûr

2 c à soupe de vinaigre de riz japonais ou du vinaigre doux de cidre

Facultatif : *graines de sésame*

1 c à café de sucre

la mayonnaise
Tu peux la faire toi-même ou l'acheter au rayon frais.

1 morceau de concombre

1 ½ c à café de sel

Avant de cuire le riz, rince-le soigneusement et laisse-le égoutter dans un chinois.

❶ Dans une casserole, verse le même volume de riz que d'eau froide (1 tasse de riz, 1 tasse d'eau). Fais cuire à feu doux 10 à 12 min environ. Laisse ensuite reposer 10 min.

❷ Dans une petite casserole, chauffe le vinaigre, le sucre et le sel sans le faire bouillir. Verse cet assaisonnement sur le riz dans un saladier plat pour qu'il refroidisse vite. N'écrase pas les grains, enrobe-les ! Couvre avec une serviette propre humide, bien essorée.

La loi du bentô

Traditionnellement, ce sont les femmes qui préparaient chaque jour ce panier-repas destiné à leur époux ou leurs enfants. Enfermé dans une boîte compartimentée, le bentô est ensuite emballé avec soin dans un furoshiki, un foulard qui fait office de sac. Aujourd'hui, on trouve des bentôs partout, dans les supermarchés ou dans les gares. Mais on attend encore des mères qu'elles préparent le plus beau bentô possible. Au Japon, il existe des dizaines de modèles de boîtes dont le volume varie selon l'âge et l'appétit.

Des makis pour ton bentô

Pour commencer, tu n'es pas obligé d'investir. Tu peux très bien recycler une boîte (une boîte congélation ou un ancien bac de glace), à condition qu'elle soit hermétique si tu dois la transporter... et même la customiser.
Du riz, de la viande ou du poisson, des légumes frais ou macérés et parfois des fruits : à partir de cette palette d'ingrédients, il faut composer un tableau qui doit émoustiller les papilles ! Avec du riz vinaigré, tu peux préparer des makis à l'infini avec ce que tu trouves chez toi : thon, concombre et graines germées ou bien feta, tomate et tapenade ou bien encore mangue, avocat et radis. Range tes makis soigneusement, bien serrés pour qu'ils ne bougent pas ! Ajoute des crudités, une omelette roulée... ton bentô est prêt !

Il te faut tous les ingrédients à proximité.
Pose-les devant toi, prêt à rouler le maki !

❸ Coupe l'avocat et le concombre en bâtonnets, le filet de saumon en tranches puis en bâtonnets. Attention, sois prudent ou fais-toi aider !

Le makisu est une natte de bambou.
Si tu n'en as pas, prends une feuille de papier aluminium épais (de la taille d'une feuille A4) mais tu peux aussi essayer directement sur la feuille d'algue posée sur une grande planche à découper.

❹ Regarde bien la feuille d'algue nori : le côté brillant et lisse doit être contre la natte. Mouille un peu tes mains et prends une boule de riz que tu étales sur la feuille sans écraser les grains. Quand la feuille est recouverte aux 3/4 (laisse un bord sans riz en haut de la feuille), tu peux disposer les ingrédients : un trait de mayonnaise, un bâtonnet de saumon, un autre de concombre, puis un d'avocat... et parsème de graines de sésame.

❺ Avec la natte, enroule doucement le maki vers le haut. À chaque tour de natte, presse-le, la feuille se colle au riz. Quand tu arrives au bout, c'est fini ! Pose ton maki fermé sur une planche ou une assiette. Tu peux continuer et en faire d'autres avant de les découper délicatement en bouchées... Surprise ! Regarde comme c'est beau, toutes ces couleurs !

Tu peux manger les makis tels quels ou avec de la sauce soja si tu aimes que ce soit plus salé et relevé !

Chapitre 4

C'est dimanche

La cuisine du dimanche, c'est la cuisine de la patience, des petits plats mitonnés pour les autres, des courses au marché, des desserts qu'on n'a pas le temps de faire en semaine. C'est le jour des expérimentations, des recettes un peu ratées, ou au contraire de celles qui deviennent des classiques. On transmet les tours de main, on parfume la maison avec des cocottes fumantes, on prend le temps. C'est avant tout un rituel, celui du repas de famille où l'on se retrouve autour d'une table pour être heureux ensemble. Comme la musique, on peut se dire qu'à cette occasion, la cuisine adoucit les mœurs !

Vraie purée

Un bébé boit exclusivement du lait pendant les premiers temps, jusqu'à 4 à 6 mois. Ensuite, son premier repas est souvent une purée : une recette tendre, qui rappelle l'enfance et qui réconcilie tout le monde autour du déjeuner du dimanche. Essaie la purée maison : elle demande un peu plus d'efforts que la purée toute prête mais elle est bien meilleure !

Ingrédients pour 4 personnes

50 g de beurre

1 kg de pommes de terre à chair tendre

bintje, monalisa, samba... mais si tu as des charlotte ou des nicola, ça ira quand même. Il faut juste éviter les pommes de terre roses, trop fermes.

20 cl de lait

2 feuilles de laurier

noix de muscade

du bon poivre noir

gros sel de Guérande

1 gousse d'ail

Si les pommes de terre sont un peu vieilles, germées et vertes par endroits, ne fais pas de sentiments et ôte bien ces parties, elles sont toxiques.

❶ Pèle les pommes de terre avec un épluche-légumes ou un économe. Rince-les et laisse-les égoutter dans une passoire ou sur un torchon propre. Si elles sont grosses, coupe-les en deux dans la largeur.

Super patate

La pomme de terre fait tellement partie de notre paysage qu'on a tendance à oublier qu'elle n'est pas de chez nous. Ce sont les conquistadors espagnols qui l'ont rapportée d'Amérique du Sud, où les Incas la cultivaient avec le maïs. Elle a conquis l'Europe et, à bien des époques, elle a permis de résister aux famines et temps de guerre. Elle n'est pas seulement nourrissante et économique, elle est aussi savoureuse et on commence à redécouvrir des dizaines de variétés qui permettent de l'accommoder de mille et une manières...

Patates à tout faire

Tu peux faire **d'autres purées** en mélangeant aux pommes de terre un morceau de céleri rave, des panais, des topinambours ou des carottes... Sinon, les **pommes vapeur** s'accommodent très bien en **salade** avec une vinaigrette moutardée, persil et oignon frais, ou avec des harengs fumés, des carottes émincées, du céleri branche en petits morceaux.

Pour des **frites maison savoureuses**, coupe les pommes de terre en grosses tranches avec leur peau, ajoute 2 c à soupe d'huile d'olive, du sel et du romarin et passe-les sur une lèchefrite à 220 °C au four pendant 25 min.

Vérifie la cuisson avec la pointe d'un couteau : elle doit bien s'enfoncer quand les pommes de terre sont cuites.

Si tu n'as pas de presse-purée, tu peux te servir d'un moulin à légumes, voire d'un mixeur plongeant (mais il faudra rajouter un peu de lait et elle risque d'être un peu collante), voire même tout écraser à la fourchette (mais ta purée sera moins onctueuse).

Attention, la muscade épice vite et intensément, n'en abuse pas.

❷ Verse 3 à 4 cm d'eau dans le fond d'une casserole dans laquelle tu poses un cuit-vapeur. Épluche une gousse d'ail, coupe-la en deux et retire le germe car il est indigeste. Pose les pommes de terre sur le panier avec les deux feuilles de laurier et l'ail par-dessus, pour parfumer délicatement ta purée. Couvre et quand l'eau bout et la vapeur monte, laisse cuire 30 min à feu doux.

❸ Retire le panier-vapeur, fais-toi aider car il ne faut pas te brûler avec les pommes de terre chaudes et l'eau. Dans la même casserole vidée, fais fondre doucement le beurre avec le lait, ajoute 1 c à café de gros sel, un ou deux tours de moulin à poivre et un peu de muscade râpée.

❹ Ensuite, avec le presse-purée (c'est ce qu'il y a de mieux), écrase les pommes de terre dans la casserole et remue avec une cuillère jusqu'à ce que la purée absorbe tout le liquide. Tu peux ajouter du lait ou du beurre. Tu dois obtenir une consistance assez mousseuse, ni pâteuse ni trop liquide. Rectifie aussi l'assaisonnement. C'est prêt, il faut la servir de suite !

Poulet rôti

C'est la recette par excellence d'un déjeuner en famille. Avec une purée ou des frites et une salade, le poulet rôti fait un repas complet festif ! Chacun a ses préférences, la cuisse, le blanc, la peau grillée… Voilà pourquoi un poulet satisfait tout le monde.

Tu peux frotter le poulet avec la paume de la main pour bien répartir l'assaisonnement.

❶ Préchauffe le four à 180 °C. Il doit être bien chaud quand tu enfournes la volaille.
Prépare la viande directement dans le plat de cuisson, de préférence un plat à bords hauts pour recueillir le jus. Place à l'intérieur du poulet le petit-suisse (la viande sera moelleuse) et les herbes aromatiques. Tout autour, dispose les gousses entières. Arrose-le d'un filet d'huile d'olive, sale, poivre et ajoute du piment, retourne-le et recommence.

Cuisine, viande et religion

La cuisine est née avec l'invention du feu, il y a un peu moins d'un million d'années. L'homme vivait de cueillette et ne consommait que quelques morceaux de charogne. En devenant chasseur, et surtout éleveur vers 9500 av. J.-C., la consommation de viande progresse. Les riches banquets du Moyen Âge regorgent de viandes, volailles et gibiers en tout genre. Parce qu'elle est nourrissante et chère, on la supprime quand on veut jeûner : les chrétiens par exemple ne devraient pas en manger pendant les quarante jours du Carême qui précèdent Pâques. Ce jeûne commence d'ailleurs à carnaval, qui vient du latin « carne levare », littéralement « enlever la viande ».

Cosmopolite poulet

Considéré comme une viande maigre par rapport aux viandes rouges, et plutôt bon marché, le poulet est cuisiné dans le monde entier. Au Sénégal, on prépare le **poulet yassa** avec beaucoup d'oignons, de moutarde, du citron. Au Maroc, il mijote dans un **tagine** (plat conique) avec des citrons confits au sel ou des pruneaux et des amandes. En Thaïlande, il cuit dans du lait de coco et, en Inde, il est grillé après avoir mariné dans du yaourt et des épices. Tu peux aussi ne cuisiner que les blancs, en faire de délicieuses **escalopes panées** (œuf et chapelure) ou les découper en **aiguillettes** (longues bandes de chair) et les faire cuire dans une poêle à froid avec le jus d'un citron, une cuillère à soupe de sauce soja, quelques feuilles de thym et un tour de moulin à poivre.

Sois prudent pour cette étape, équipe-toi d'un gant de cuisine ou de maniques et fais attention aux éclaboussures brûlantes !

❷ On commence toujours la cuisson du poulet avec les blancs au fond du plat qu'on retourne au bout d'une heure pour qu'il cuise uniformément. Tu peux aussi prendre une cuillère et l'arroser. Quand le poulet est retourné, prolonge la cuisson un bon quart d'heure, le temps que la peau prenne une belle couleur caramel.

❸ Pour la découpe, sois prudent : prends un couteau tranchant, une grande fourchette et une planche à découper. Commence par les cuisses, qui se détachent facilement si tu coupes au niveau de la jointure. Puis les blancs et les ailes, en traçant une ligne au milieu de la carcasse, et pousse la chair qui se décolle de chaque côté. Finis par les sot-l'y-laisse situés de chaque côté de la colonne en haut des cuisses, morceaux que les gourmets s'arrachent !

❹ Tu peux servir la viande entière ou découpée dans un joli plat et recueillir dans une saucière le jus de cuisson pour accompagner les parties plus maigres.

Moqueca de poisson et de crevettes

Quand on mange, on fait bien plus que se nourrir : on engloutit une histoire, des traditions, des façons de faire. La moqueca brésilienne raconte l'histoire et le terroir de son pays : des ingrédients des tropiques et les souvenirs culinaires des colons portugais et des esclaves africains débarqués il y a plusieurs siècles sur les côtes du Nordeste. Tes papilles s'en souviendront !

Ingrédients
pour 4 à 6 personnes

700 g de poisson blanc
Cabillaud, lieu, merlan… demande à ton poissonnier

300 g de crevettes
entières ou seulement les queues décortiquées

Choisis des crevettes de bonne qualité, même surgelées, label rouge ou bio, quitte à en prendre moins.

½ bouquet de coriandre fraiche

2 oignons

3 tomates

1 gousse d'ail

le jus d'1 ou 2 citrons verts

1 boîte de lait de coco (25 cl)

1 poivron rouge ou vert

huile d'olive

poivre noir

sel

Facultatif *: 1 c à soupe d'huile de dendê. Au Brésil, pas de moqueca sans huile de dendê : c'est une huile de palme rouge au goût prononcé. Si tu es curieux, procure-toi cette huile dans une épicerie exotique (africaine ou antillaise) ! Attention, les taches sont très tenaces !*

❶ Coupe le poisson en gros morceaux (au minimum des cubes de 3 cm de côté) et, si nécessaire, décortique les crevettes. Avec la pointe d'un couteau, retire aussi le petit boyau noir qui se trouve sur leur dos. Rince-les et sèche-les avec un papier absorbant.

Épices miraculeuses

L'air de rien, ces quelques grains de poivre et ces poudres parfumées ont été des facteurs de progrès pour l'humanité ! Les épices ont en effet joué un rôle capital dans la découverte de l'Amérique, principale motivation des conquistadors qui cherchaient à contrôler les routes maritimes dans le commerce vers les Indes. Biens précieux, leurs vertus médicinales étaient connues dès l'Antiquité. Fais-en usage avec parcimonie mais n'hésite pas à tenter des associations nouvelles... D'autre part, rebouche soigneusement les pots d'épices, leur parfum s'évente rapidement.

Petits plats mijotés

Cette recette de moqueca ressemble à certaines recettes indiennes où la viande ou le poisson mijotent dans du lait de coco. À la base, une **marinade épicée** (ail, gingembre, citron vert, coriandre, menthe...), agrémentée parfois de yaourt, puis l'ensemble est saisi avant de cuire dans un bouillon de lait de coco. Essaie avec du poulet, c'est facile et très bon ! Tu peux servir le tout avec du riz blanc et des fruits, comme c'est l'usage en Inde : avocat, pomme, banane en morceaux...

2 Presse les citrons, écrase la gousse d'ail ou hache-la très menu, sale et poivre.
Fais mariner le poisson et les crevettes dans ce jus pendant 1 h au frigo.

3 Coupe les tomates en dés, puis le poivron, hache tes herbes et émince les oignons finement. Dans une cocotte, ajoute 2 c à soupe d'huile d'olive et fais revenir les légumes à feu vif pendant quelques minutes (sans toutefois brûler le tout !). Baisse le feu et dispose sur ce petit matelas coloré et parfumé les crevettes et le poisson sans l'abîmer.

4 Arrose de lait de coco, ça sent très bon, ajuste l'assaisonnement et laisse mijoter doucement pendant une vingtaine de minutes, le temps que le poisson cuise. Remue deux ou trois fois très délicatement. À la fin, si tu en as trouvé, tu peux ajouter une cuillère à soupe d'huile de dendê (elle ne doit pas cuire). Sers ce plat avec du riz blanc. S'il te reste quelques feuilles de coriandre, parsème les assiettes.

Pasta al forno

En Italie, on ne plaisante pas avec les pâtes. Tout petits, les enfants sont initiés à goûter toutes les formes, et toutes les sauces, qui varient selon les saisons. Les pâtes au four sont une version festive puisque c'est un grand plat qu'on partage.

Ingrédients
pour 4 personnes

- 500 g de fusilli
- 400 g de coulis de tomates
- 3 c à soupe de parmesan râpé
- 1 mozzarella (de vache ou de bufflonne) coupée en petits cubes
- 1 gousse d'ail hachée menu
- des olives noires
- quelques graines de fenouil
- une poignée de pignons de pin
- une poignée de raisins secs
- quelques câpres
- huile d'olive
- du persil ou du basilic en saison

Tu peux choisir d'autres pâtes courtes mais celles-ci absorbent bien la sauce dans leurs spirales ! C'est ce qui fait la différence entre une forme et une autre...

❶ Fais bouillir de l'eau dans une grande casserole. Pendant ce temps, dans une petite casserole, verse une bonne cuillère d'huile d'olive. Jettes-y l'ail le temps de parfumer l'huile, sans qu'il brûle, puis les olives que tu réchauffes à peine. Verse ensuite le coulis, remue rapidement et ajoute 1 c à café de gros sel et les graines de fenouil. Ajoute ensuite les raisins et les câpres rincées.
Couvre et laisse mijoter à feu doux le temps que les pâtes soient prêtes.

Petite histoire des pâtes italiennes

L'origine des pâtes se disperse dans la nuit des temps, probablement quelque part entre l'Europe et l'Asie, et l'on observe que bien des civilisations des Mésopotamiens aux Grecs en passant par les anciens Chinois avaient leur façon de fabriquer des pâtes filées à base d'eau et de farine. Mais c'est véritablement en Italie, à partir du XVIe siècle dans la région de Naples, qu'on a fabriqué des pâtes séchées à grande échelle. Les Italiens en consomment en moyenne 28 kg par an, loin devant les Français qui se limitent à 7,5 kg.

Pasta party

C'est facile, c'est bon marché, c'est nourrissant et c'est très bon : apprends à préparer quelques recettes de pâtes, ça te servira toute ta vie ! Avec de la pancetta, poitrine de porc séchée, plus maigre que du lard, des champignons, de la crème et du parmesan. Avec du potiron et de la saucisse émiettée. Avec un pesto, purée de basilic, pignons, ail et parmesan. Avec des brocolis et de la feta. Avec quelques zestes de citron et de la crème. Varie les formes et la longueur des pâtes, et essaie aussi les **lasagnes** au four, grandes feuilles qui se superposent en alternant sauce tomate et béchamel légère. Tu peux aussi essayer les pâtes fraîches! À toi les tagliatelles, les raviolis, les tortellinis !

Ne sale pas l'eau avant que l'eau soit bouillante, c'est ça qui tache l'acier des casseroles !

En saison, tu peux ajouter à cette sauce des petits cubes de courgette que tu auras dorés à la poêle, ainsi que des cubes d'aubergine et des tomates cerises, elle n'en sera que meilleure !

Pour égoutter, dispose la passoire dans l'évier, et verse prudemment l'eau et les pâtes dedans.

❷ Quand l'eau bout, verse les pâtes en même temps qu'une bonne cuillère à soupe de gros sel. Sois prudent avec les gros bouillons... Ne couvre pas et remue de temps en temps avec une cuillère en bois.

❸ Préchauffe le four à 180 • C. Dans une petite poêle, à feu doux, toaste tes pignons à sec (sans huile) sans les griller. Si le temps de cuisson indiqué sur le paquet de pâtes est 10 min par exemple, il faudra égoutter les pâtes un peu avant (au bout de 8 min, quand elles seront encore bien fermes).

❹ Mélange la sauce aux pâtes dans la casserole, ajoute la mozzarella en morceaux, le persil ou le basilic, les pignons, puis verse l'ensemble dans un plat à gratin. Saupoudre de parmesan et enfourne pour 15 min. Au moment de servir, arrose d'un filet d'huile d'olive bien parfumée.

Maquereaux grillés

Si la cuisine française est réputée, la cuisine japonaise compte parmi les plus raffinées, notamment pour ce qui est des manières de préparer le poisson. C'est l'art de la découpe qui le met en valeur et un assaisonnement très simple. En Europe, on connaît surtout les sushis ou sashimis mais les recettes de poissons grillés sont aussi savoureuses et faciles à réaliser.

Ingrédients pour 4 personnes

4 maquereaux

Compte un maquereau par personne, demande au poissonnier de lever les filets. Observe-le, c'est fascinant !

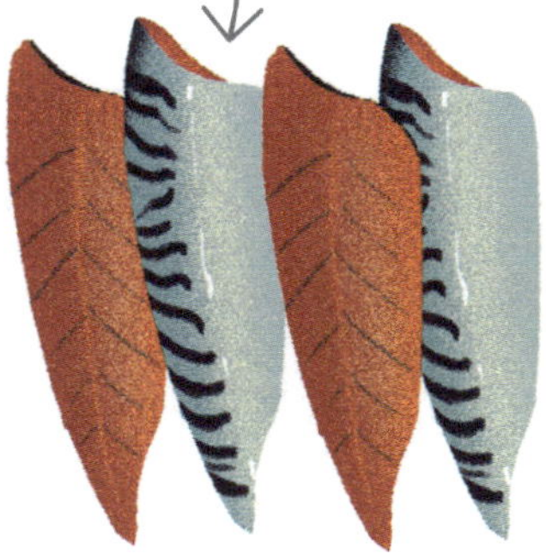

une noix de gingembre frais

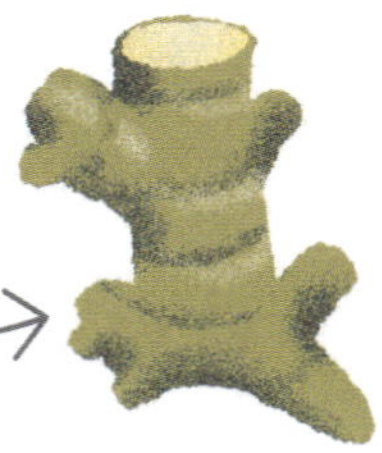

10 cl de mirin (alcool de riz sucré)

sauce soja

Tu ne regretteras pas ces achats de produits japonais, ces sauces sont faciles à utiliser, même pour assaisonner un simple riz !

des graines de sésame

sel et poivre

sucre de canne

un filet d'huile d'olive

Tu sentiras sous tes doigts s'il reste des arêtes, retire-les.

❶ Rince les filets, sèche-les avec du papier absorbant et dépose-les dans une assiette où tu les saupoudres d'un mélange de sel et sucre (1 c à café de chaque). Laisse reposer une vingtaine de minutes au frigo. Ensuite rince-les soigneusement et sèche-les à nouveau.

Bonne pêche

Poisson gras bon marché, le maquereau a retrouvé la grâce des cuisiniers qui vantent sa chair rosée. Il plaît aussi aux nutritionnistes qui lui trouvent toutes les qualités, notamment ces acides gras qu'on appelle oméga 3, bons pour la santé, et des vitamines A et B. Les amis de la nature sont aussi à la fête : les fonds marins ne manquent pas de maquereaux, contrairement à d'autres poissons menacés comme le thon ou le cabillaud. Pars à la pêche aux informations pour choisir un poisson qui préserve la biodiversité et choisis ceux qui sont labellisés « pêche durable ».

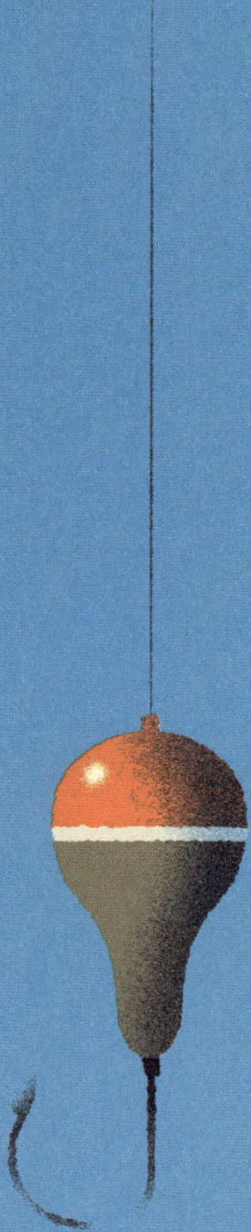

Avec cette sauce, avec ce poisson

Avec la même sauce, tu peux poêler des noix de Saint- Jacques (une minute de chaque côté dans une poêle chaude et c'est fait !) ou un filet de saumon que tu fais griller au four ou dans une poêle.
Le maquereau peut aussi se déguster cru, mariné. Couvre les filets de sel fin et place-les 2 h au frigo. Rincés, épongés, tu les laisses ensuite 30 min dans un récipient d'eau froide avant de les assaisonner avec une sauce à base de jus de citron, deux pincées de sucre et de sel, un peu de vinaigre de riz (ou un vinaigre très doux). Coupés en lamelles, servis avec de la sauce soja et des radis émincés, saupoudrés de zestes d'agrumes (orange, citron vert...) finement râpés, c'est une magnifique entrée !

❷ Pendant ce temps, prépare la sauce : verse un petit verre de mirin dans une casserole. Quand il bout et que l'alcool s'évapore, ajoute la même quantité de sauce soja, le sucre, le gingembre finement râpé. Laisse cuire 10 min environ. La sauce doit ressembler à un sirop.

Filtre la sauce et réserve-la.

❸ Dans une poêle avec très peu d'huile, dépose les filets que tu fais juste poêler pour que la chair devienne blanche. Tu peux aussi les disposer sur une plaque sous le grill du four pendant quelques minutes (ça va très vite).

❹ Nappe les filets avec ta sauce et saupoudre avec quelques graines de sésame. C'est prêt ! Ces maquereaux sucré-salé sont délicieux avec du riz cuit à la japonaise et des épinards sautés rapidement dans de l'huile de sésame auxquels tu peux ajouter une cuillère de la sauce qui t'a servi pour les maquereaux.

Couscous

Le couscous est toujours dans le peloton de tête des plats préférés des Français, qu'on le mange à la maison, au restaurant ou à la cantine. Au Maroc, on le prépare traditionnellement le vendredi jour de prière, et on le partage avec les voisins. C'est une recette généreuse, n'aie pas peur de trop en faire, il se réchauffe bien et la semoule est prête en un tour de main !

❶ Dans une grande casserole, une cocotte, ou mieux encore si tu en as, dans un couscoussier, fais chauffer 2 c à soupe d'huile d'olive. Ajoute les oignons émincés et au bout de quelques minutes, quand ils chantent (grrrrrrr, crrrrrrr), fais dorer la viande coupée en morceaux. Saisis-la rapidement sur toutes les faces en veillant à ce qu'elle n'attache pas.

❷ Saupoudre d'épices et d'herbes aromatiques et recouvre d'eau. Ajoute aussi les pois chiches. Il faut que certains morceaux dépassent, un peu comme des icebergs. Couvre et laisse mijoter à petits bouillons.

« Comment le mangez-vous ? »

Les manières de la table sont très codifiées selon les sociétés. Là où en Afrique du Nord, on mange tous dans le même plat, et exclusivement avec la main droite (avec les doigts donc !), en France, on éduque les enfants dès le plus jeune âge à se servir correctement de couverts. En Asie, on mange parfois avec des baguettes comme au Japon, en Chine, au Vietnam... mais aussi avec une cuillère et une fourchette comme en Thailande. En Corée, où l'on se sert de baguettes, il est cependant plus correct de manger son riz avec une cuillère. Moralité ? Observe les habitudes de tes voisins !

Les recettes qui mijotent

On peut faire des couscous de toutes sortes, aux légumes ou au poisson comme en Tunisie. À l'origine, c'est une recette assez pauvre, où les pois chiches remplaçaient la viande. La version « royale » est agrémentée de plusieurs viandes (agneau, poulet...) ainsi que de merguez, saucisses épicées bien que la tradition recommande de ne pas les mélanger.
Ailleurs, les plats de viande mijotée dans un bouillon **(pot-au-feu)** ou même dans du vin comme le **bœuf bourguignon** ou de la bière comme la **carbonade flamande** sont des recettes trés appéciées. Elles demandent un peu de savoir-faire mais surtout de la patience et parfument délicieusement la maison !

3 Pendant ce temps, occupe-toi des légumes : épluche les carottes, les navets... Coupe les carottes et les courgettes dans la longueur et les navets en quatre. Mets les carottes et les navets avec la viande. Garde les légumes plus fondants (courgettes, éventuellement potiron) pour les ajouter 15 min après les premiers légumes. C'est la meilleure manière de préserver les couleurs et les saveurs.

4 Prépare la semoule : compte un volume de semoule pour deux volumes d'eau. Dans un grand plat rond, verse en pluie la semoule, 1 c à café de gros sel, un filet d'huile d'olive et des noisettes de beurre. Arrose d'eau bouillante et remue rapidement avec une fourchette. Couvre avec un grand couvercle. Au bout de 5 min, détache à nouveau les grains avec la fourchette sans les écraser.

5 Pour servir, fais un puits dans la semoule. Dispose la viande au centre, puis les légumes, et enfin arrose autour avec 2 ou 3 bonnes louches de bouillon. Pour ceux qui aiment, dans un petit bol, on dilue la harissa avec quelques cuillères de bouillon. Dans un autre, on réserve des raisins secs. C'est prêt !

Chapitre 4

Douceurs

Sais-tu que « sucré », dans bien des pays, se dit « doux » (sweet, dulce, dolce, doce...) ? C'est vrai que c'est doux, un gâteau, un dessert, un bonbon ou du chocolat. Le sucre donne vite de l'énergie, et il soulage, console et fait plaisir... Les pâtisseries qui cuisent embaument une maison, et le dessert est le couronnement d'un repas, la cerise sur le gâteau ! Il existe mille et une manières de cuisiner et de manger salé mais, tout autour du monde, le sucré est symbole de gourmandise. Attention, la pâtisserie exige plus de technique et de précision. Si, pour bien des recettes, on peut improviser, en pâtisserie, il faut être plus attentif à la consigne, à la nature et aux quantités des ingrédients !

SUCRE

Madeleines

Une bouchée de madeleine et Marcel Proust, écrivain français célèbre, se souvient instantanément du gâteau que lui offrait sa tante le dimanche matin, trempée dans un peu de thé ou de tisane de tilleul. C'est un gâteau tendre, qui parfume la cuisine, symbole éternel du goûter des enfants.

Ingrédients pour 20 madeleines

un moule à madeleines (en métal antiadhésif de préférence, ou en silicone)

un verre doseur

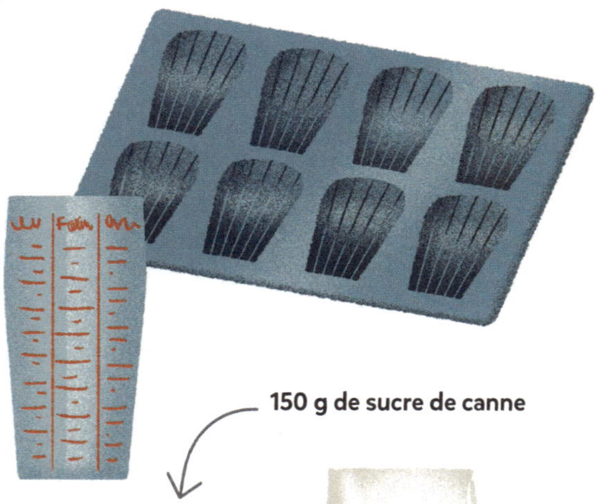

2 œufs bio de préférence

150 g de sucre de canne

150 g de farine bise ou blanche

120 g de beurre

1 citron un citron bio de préférence, car c'est dans l'écorce que se nichent les pesticides

1 c à café de levure chimique

une pincée de sel

❶ Fais fondre le beurre dans une petite casserole à feu doux. Il ne doit jamais surchauffer. Quand il a fondu, réserve-le hors du feu. Pendant ce temps, lave le citron, même s'il est bio, et sèche-le. Avec une râpe (celle avec les petits trous), récupère le zeste dans une assiette.

❷ Dans un cul-de-poule, casse les œufs et, avec un fouet, remue énergiquement avec une pincée de sel. Ajoute le sucre et fouette jusqu'à ce que le mélange devienne jaune clair, presque blanc.

Petite histoire de la pâtisserie

Les premières recettes sucrées de l'histoire de l'humanité mêlent miel, fruits secs et épices et rythment déjà les grands rituels du calendrier, offrandes ou fêtes. Mais c'est véritablement à la Renaissance, en particulier au XVIIe siècle, qu'apparaissent les premières recettes de confiseries et pâtisseries : meringues, macarons, madeleines, crème fouettée... Reines et rois en raffolent, leurs pâtissiers débordent d'imagination et font de la pâtisserie un art. Quand le sucre devient enfin plus abordable, elle se démocratise aussi : à la fin du XIXe siècle, les premières biscuiteries industrielles françaises fabriquent petits-beurre, boudoirs et gaufrettes !

Madeleines for ever

Ces madeleines sont parfumées avec un zeste de citron mais rien ne t'empêche d'y mettre plutôt de la vanille ou de remplacer le sucre par du miel, voire même de glisser dans la pâte de la poudre de cacao ou du thé matcha (un thé japonais en poudre). Tu peux aussi les napper d'une grosse larme de chocolat fondu quand elles auront refroidi ! Si tu as fait le tour des ingrédients sucrés, tente donc des madeleines salées pour un pique-nique ou un apéritif : avec du jambon cru, des morceaux de pruneaux, de la mimolette ou des abricots secs...

Utilise la fonction « chaleur tournante» du four : cela permet aux madeleines de gonfler et de cuire uniformément. La cuisson avec le moule en métal est en général plus réussie.

Pour les madeleines, investir dans un deuxième moule est utile !

❸ Mêle la levure à la farine et incorpore le tout aux œufs, ajoute le zeste de citron et enfin le beurre fondu. Laisse reposer à température ambiante pendant 10 min au minimum.

❹ Préchauffe le four à 180 °C. Beurre soigneusement le moule en métal. Inutile pour le moule en silicone. Avec une cuillère à soupe, dépose une boule de pâte de la taille d'une balle de ping-pong dans chaque alvéole. Enfourne pour 10 min environ. Cela peut prendre quelques minutes de plus mais fais attention à ce qu'elles ne cuisent pas trop, elles seraient sèches.

❺ C'est très facile de démouler les madeleines avec le moule en silicone... et pas très compliqué avec le moule en métal, si tu l'as bien beurré. Aide-toi d'une petite spatule en bois et décolle-les délicatement. Laisse-les refroidir sur une volette. Et prépare une autre fournée avec le reste de pâte (oui, il faut laver le moule et le beurrer à nouveau !).

Banana bread

La banane est l'amie des enfants : douce, sucrée, réconfortante et nourrissante ! Mais quand elle noircit, il faut ruser pour la faire aimer, l'écraser et la citronner, la mélanger à un petit-suisse… ou faire ce gâteau, d'origine sud-africaine, là où les bananes et la noix de coco n'ont pas à prendre le bateau pour se retrouver sur la table.

Ingrédients pour 1 banana bread

1 citron jaune ou vert
Quand tu utilises le zeste des agrumes, mieux vaut les choisir bio.

3 grosses bananes bien mûres
Même celles qui ont la peau noire font l'affaire !

110 g de beurre ramolli

150 g de sucre de canne

260 g de farine

½ c à café de bicarbonate de soude
Le bicarbonate donne une texture moelleuse.

¼ de c à café d'épices à pain d'épice ou 1 c à café de cannelle en poudre

50 g de noix de coco râpée
Tu peux remplacer la noix de coco par de la poudre d'amandes.

une bonne pincée de sel

Facultatif : *2 c à soupe de rhum brun*

❶ Préchauffe ton four (sur la position chaleur tournante) à 175 °C. Lave le citron, râpe le zeste et presse-le pour obtenir son jus. Dans une assiette, écrase les bananes à la fourchette jusqu'à ce qu'elles aient la consistance d'une purée. Arrose-les du jus de citron et mélange. Si tu as du rhum, c'est le moment de l'ajouter.

Les fruits exotiques

Tout ce qui ne pousse pas sous nos cieux capricieux est exotique. Pour faire venir ces fruits qui évoquent l'ailleurs, il faut les cueillir trop tôt, trop verts, les embarquer en avion et par conséquent les payer cher. Ananas, mangue, banane, noix de coco, papaye, fruit de la passion, goyave, litchi... et même le raisin chilien qui débarque en plein hiver ici est «exotique » ! Une solution : se priver de ce plaisir ou en tout cas limiter sa consommation et se rattraper sur place, si on a la chance de voyager dans les pays où ils poussent... ou s'assurer que les fruits voyagent par bateau qui est un mode de transport plus doux pour la planète.

Que faire avec des fruits exotiques ?

Parmi les fruits qui ne poussent pas en Europe, ceux qui nous parviennent sont délicieux tels quels, parce que leur goût est souvent si particulier qu'il se suffit à lui-même. Mêlés à d'autres, plus communs (pommes, oranges, melon, fraises...), ils font de magnifiques salades de fruits, apportent leur couleur et leur saveur uniques. Ils sont délicieux mixés en **smoothies** ou **milk-shake** (comme l'ananas ou la mangue), voire en **sorbet**. Mais tous ne plaisent pas à nos palais occidentaux : si tu as la chance de renifler un durian, dans un supermarché asiatique par exemple, tu t'en souviendras longtemps... Son odeur (inqualifiable... et pas très agréable) décourage ceux qui ne le connaissent pas. Et pourtant, en Asie du Sud-Est, c'est le roi des fruits !

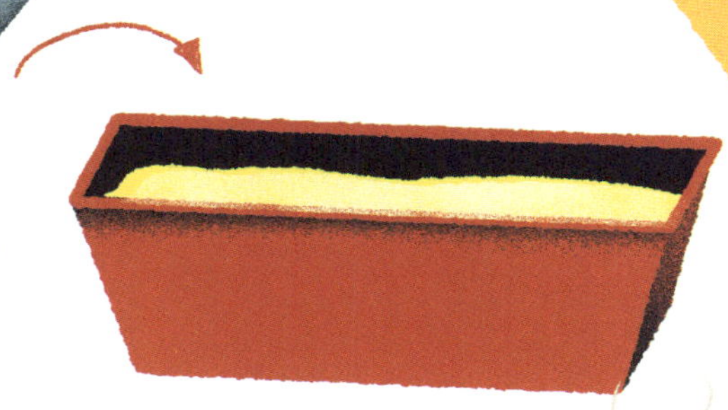

❷ Dans un cul-de-poule, verse la farine, le sucre, le bicarbonate de soude, les épices, le zeste de citron, le sel et la noix de coco (ou la poudre d'amandes). Mélange simplement.

❸ Ajoute le beurre bien ramolli en deux étapes, en alternant avec les bananes écrasées. Mélange jusqu'à ce que les ingrédients soient bien mêlés. Utilise un fouet ou une cuillère en bois.

❹ Verse la pâte dans un moule à cake beurré (une noisette de beurre suffit). Enfourne pour 50 min.

❺ Démoule et laisse refroidir sur une volette.

Pain d'épices

Il porte le nom de pain mais c'est un véritable gâteau. Bien qu'on ait retrouvé des recettes de l'Antiquité mêlant la farine à du miel, il semble que les Chinois aient été les premiers à y ajouter des épices. Arrivé en Europe au temps des croisades, le pain d'épice perpétue sa tradition dans bien des pays, comme en France, en Allemagne ou en Croatie où c'est devenu un art.

Ingrédients
pour un pain d'épices

- **1, 5 c à soupe de sucre de canne**
- **125 ml de lait**
- **250 g de farine bise ou blanche**
- **250 g de miel** plutôt liquide, toutes fleurs ou acacia
- **le zeste râpé d'une petite orange**
- **1 c à café de cannelle**
- **1 c à café d'anis vert**
- **½ c à café de gingembre en poudre** ou 1 c à soupe d'épices à pain d'épice (tu trouves ces mélanges tout préparés dans les épiceries fines)
- **1 c à café de bicarbonate de soude alimentaire**
- **une pincée de sel**
- ***Facultatif :*** *1 c à café d'eau de fleur d'oranger*

❶ Réchauffe le lait avec une pincée de sel, en surveillant qu'il ne déborde pas.

Lorsqu'il est chaud, ajoute le miel et remue au fouet pour qu'il fonde.

Sucres naturels

Outre certaines épices et les fruits, plusieurs ingrédients permettent d'adoucir les recettes : connu depuis la nuit des temps, le miel diffère selon les fleurs butinées par les abeilles. La canne à sucre, implantée aux Antilles et au Brésil après la découverte du Nouveau Monde, donne un sucre au goût délicat ou prononcé selon qu'il est plus ou moins raffiné. Le sucre blanc est majoritairement produit à partir des betteraves sucrières depuis le XIXe siècle. Trop raffiné, il est dépourvu de sels minéraux. Le sirop d'érable, à la belle couleur caramel, est fabriqué à partir de la sève brute de l'arbre, et presque exclusivement au Canada.

Comment le sucrez-vous ?

Épices et miel sont les secrets des recettes de gourmandises de Noël, comme dans le **nougat**, les **bredele** alsaciens ou les desserts avec des fruits secs et confits, comme le **panforte** de Sienne. Le sirop d'érable arrose merveilleusement **crêpes** et **pancakes** mais peut aussi sucrer des biscuits ou des **scones**, ces délicieux petits gâteaux anglais pour l'heure du thé. Enfin, même si elle ne se trouve pas telle quelle dans la nature, la **confiture** (fruits et sucre cuits ensemble) est une bonne façon de sucrer yaourt, biscuits et tartes, comme pour la **crostata** en Italie ou la **Linzer Torte** en Autriche et Hongrie.

❷ Dans le bol d'un robot ou dans un cul-de-poule, mélange la farine, le bicarbonate, les épices, le sucre, le zeste d'orange. Ajoute progressivement le lait au miel et veille à ce que tous les ingrédients se mélangent. Ajoute éventuellement de la fleur d'oranger. Mélange cette pâte assez longuement, pendant plusieurs minutes, jusqu'à ce qu'elle soit bien homogène.

❸ Beurre un moule à cake. Verse la pâte et, dans l'idéal, laisse reposer 1 h avant d'enfourner 1h30 à 130 • C (préchauffe le four quelques minutes avant).

❹ Démoule et laisse reposer le pain d'épices sur une volette. Il peut se conserver plusieurs jours, il est délicieux nature ou avec du beurre.

Brownie aux noisettes

Lorsqu'on demande aux Français à quoi ils pensent si on leur dit « gâteau au chocolat », ils répondent spontanément « anniversaire ». Les Américains, eux, répondent « culpabilité » ! Quel dommage ! Ce brownie fondant est un gâteau riche certes, réconfortant, parfait pour faire la fête et consoler tous les chagrins.

Ingrédients pour 1 brownie

Utilise un moule à manqué rond de 25 cm de diamètre ou, selon la tradition américaine, un moule carré de 20 cm de côté.

- 165 g de beurre
- 80 g de noisettes
- 4 œufs
- 100 g de farine blanche ou bise
- 165 g de chocolat à dessert
- de la fleur de sel
- 220 g de sucre de canne

❶ Préchauffe le four à 180 °C. Verse les noisettes dans le moule et enfourne pour une quinzaine de minutes.
Fais fondre le chocolat et le beurre au bain-marie. Casse le chocolat en carrés, ajoute le beurre coupé en morceaux et place le tout dans un cul-de-poule, au dessus d'une casserole avec un fond d'eau (3 cm), à feu moyen.

C'est la vapeur qui fait fondre le mélange, le fond du récipient ne doit pas toucher l'eau.

Laisse refroidir hors du feu et sors les noisettes du four.

Petite histoire du chocolat

Les Mayas puis les Aztèques ont été les premiers à utiliser les fèves de cacao. La boisson amère qu'ils en tiraient les aidait à lutter contre la fatigue et soignait la diarrhée. Les Européens ont eu l'idée d'adoucir son amertume avec de la vanille, du miel ou du sucre. Au début du XVIIIe siècle, le chocolat s'endurcit quand on parvient à extraire le beurre de cacao des fèves. L'Anglais Cadbury fabrique le premier chocolat à croquer mais c'est le Français Menier qui imagine la tablette en 1836. Du blanc au noir amer, le pourcentage de cacao détermine le type de chocolat. Mais l'origine du cacao fait aussi la différence, donnant au chocolat un goût de noisette grillée, de café ou de noix de coco ! Les grands crus viennent du Ghana, du Brésil, du Venezuela ou de Guinée.

Fou de chocolat

Il existe un nombre incalculable de bons gâteaux au chocolat : la **sachertorte**, un gâteau viennois farci de confiture d'abricots et recouvert d'un glaçage au chocolat, la **forêt-noire**, qui comme la **sachertorte**, est composée d'une génoise (pâte sans beurre) au chocolat, farcie de chantilly et de cerises au sirop, parfumée à l'alcool de cerises. Le meilleur gâteau au chocolat n'est pas le plus compliqué : c'est celui que tu fais le mieux et qui a la consistance parfaite !

❹ Ajoute le chocolat-beurre fondu au mélange œufs-sucre, puis la farine et 1 c à café de fleur de sel. Remue délicatement.

❷ Pendant ce temps, casse les œufs dans un saladier. Ajoute le sucre et bats énergiquement au fouet ou au batteur. Le mélange doit être souple sans blanchir !

❸ Hache les noisettes grossièrement. Sers-toi d'un hachoir électrique, quelques tours et c'est fini. Parsème ton moule.

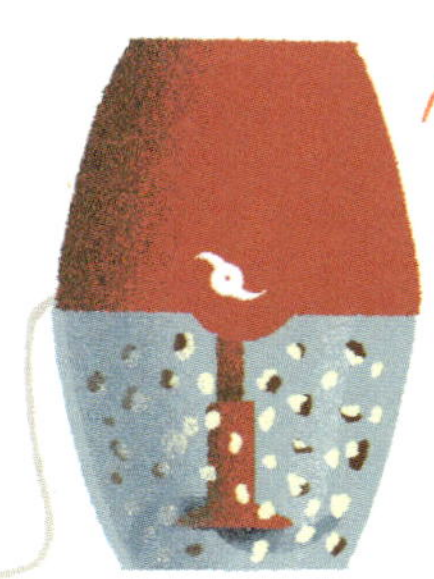

Sinon, n'aie pas peur d'en mettre partout en les hachant sur une planche avec un gros couteau. Sois prudent : une main sur le manche, l'autre main à plat sur le dessus de la lame.

❺ Verse la préparation sur les noisettes dans le moule et enfourne pour 20 à 25 min. Surveille la croûte : au bout de 20 min, elle commence à craqueler légèrement. Tu peux sortir ton brownie et le laisser refroidir.

Quand il est froid, tu peux découper le gâteau directement dans le moule en carrés de 5 cm de côté comme on le fait aux États-Unis.

Glace à la fraise

La glace, ça a quelque chose de magique : très froide, elle fond dans la bouche, c'est onctueux et doux et ça réveille les papilles. Selon qu'on y ajoute ou non de la crème, on obtient de la crème glacée ou du sorbet. Cette recette est à mi-chemin : juste une chantilly, un congélateur, un peu de patience, et c'est fait !

Ingrédients
pour un bac de glace

500 g de fraises mûres

Achète-les en saison, et inquiète-toi de leur provenance... Préfère celles qui viennent de moins loin ou cueille-les toi-même.

le jus d'un citron

100 g de sucre de canne

50 cl de crème fleurette, bien froide

pas de crème allégée !

Facultatif : *un sachet de sucre vanillé*

❶ Rince les fraises rapidement sous l'eau froide, laisse-les égoutter dans une passoire.

Équeute-les avec la pointe d'un couteau et arrose-les d'un jus de citron qui exhalera leur goût.

Par ici la bonne glace

On mangeait déjà de la glace dans l'Antiquité. On mélangeait à des coulis de fruits du miel et de la neige ! On raconte qu'à Pompéi, c'était la neige du Vésuve qui permettait de fabriquer des sorbets. Mais ce délice était surtout réservé aux grandes tables. C'est au début du XXe siècle que le marchand de glaces ambulant parcourt les villes d'Europe. L'Italie se fait une spécialité de ces « gelati » crémeux dont les Italiens sont, encore aujourd'hui, les meilleurs représentants. Dommage, ailleurs, ce sont des marques industrielles qui sont massivement vendues.

« I scream for ice cream »

Tu peux tester cette recette avec d'autres fruits selon la saison (framboises, myrtilles, pêches et abricots bien mûrs...) ou remplacer ta crème par du lait de coco ou du yaourt. Tu peux aussi faire des **sorbets** mais sans sorbetière (un appareil qui fabrique la glace), on obtient souvent des paillettes glacées. Pour éviter ce phénomène, il faut remuer le sorbet à la fourchette plusieurs fois pendant qu'il prend au congélateur. Enfin, si tu as des bananes trop mûres, coupe-les en rondelles et congèle-les. Plus tard, mixe-les dans un blender avec un jus de citron, 1 c à café ou à soupe de sucre muscovado (un sucre de canne au goût prononcé), et tu obtiendras un sorbet crémeux.

Si elles sont peu sucrées, tu peux ajouter 1 c à soupe de sucre.

❷ Dans un cul-de-poule, verse la crème fleurette et commence à fouetter au batteur électrique ou au robot (avec le fouet). Ajoute progressivement 100 g de sucre et le sucre vanillé si tu en as et observe : dès que la crème gonfle, veille à ce qu'elle ne tourne pas au beurre (ou il faudra recommencer !). C'est le secret de la crème chantilly !

❸ Dans un blender, mixe les fraises. Tu peux aussi utiliser un mixeur plongeant mais, dans ce cas, coupe les fraises en rondelles pour que ce soit plus facile.

❹ Mélange ce coulis de fruits à la crème fouettée avec une spatule. Place le tout dans une boîte congélation en plastique et laisse prendre ta glace pendant 3 h au congélateur ou au freezer mais dans ce cas surveille qu'elle soit suffisamment glacée.

Au moment de servir, avec une cuillère à soupe trempée dans l'eau chaude, forme de belles boules et sers ta glace dans une coupelle. Savoure !

Chapitre 6

C'est la fête !

Prendre le temps de concocter un menu, choisir attentivement de bons produits, passer du temps en cuisine, dresser une belle table… Quand c'est la fête, on s'applique et la table se pare de ses plus beaux atours, comme on enfile une belle robe. Le repas consacre alors une façon d'être généreux et de vivre ensemble. La cuisine de fête, ce sont aussi ces recettes qu'on attend patiemment chaque année et qui rythment le calendrier comme les saisons. Chacune raconte une histoire qui a traversé les siècles, reflet de notre rapport à la nature, à la terre et au ciel.

Crêpes fines

Le 2 février, c'est la Chandeleur et en France, on prépare des crêpes. Au beau milieu de l'hiver, cette fête des chandelles (du latin candela) qui symbolise Dieu et le soleil est un signe d'espérance pour les récoltes à venir. Une manière de se rappeler l'importance des saisons et de la terre nourricière !

Ingrédients
pour 15 crêpes sucrées

½ l de lait

250 g de farine blanche ou bise

2 œufs

1 c à soupe de sucre de canne

1 c à soupe d'huile neutre

tournesol par exemple

1 pincée de sel

__Facultatif :__ de la vanille, 2 c à soupe de rhum, 1 c à soupe d'eau de fleur d'oranger, un zeste de citron ou d'orange haché...

❶ Dans un cul-de-poule, verse la farine en puits. Casse les œufs dans le creux, ajoute l'huile, le sel, le sucre et éventuellement de quoi parfumer ta pâte.

❷ Très lentement, verse le lait, en mélangeant avec un fouet. Quand les derniers grumeaux disparaissent et que la pâte te paraît bien lisse, laisse-la reposer 1h dans ta cuisine.

Faire sauter ses crêpes

Il est d'usage de faire sauter les crêpes à la Chandeleur… mais ça n'est pas juste pour s'amuser, ce rituel a une histoire : les femmes étaient chargées de la préparation de la pâte, et le maître de maison envoyait la crêpe en l'air pour la retourner. Une pièce d'or ou d'argent dans sa main, il la faisait sauter jusqu'au sommet de l'armoire où était posé le cierge qui avait accompagné la procession, assurant ainsi la protection sur la maisonnée et une bonne récolte. L'année suivante, on recommençait !

Dans la famille des crêpes...

De la farine et de l'eau ! Les crêpes existent depuis que les hommes savent fabriquer de la farine en moulant des céréales. En Bretagne, région dont c'est devenu la spécialité, ce sont des **galettes** faites avec de la farine de sarrasin, une variété de blé noir plus fort en goût. Avec du beurre, un œuf au plat, du jambon et du fromage, c'est un repas parfait. Les **blinis** et les **pancakes** sont une version russe et américaine. Plus petits, plus épais mais légers grâce à la levure qu'ils contiennent, ils se mangent traditionnellement avec du saumon pour les blinis et avec du sirop d'érable pour les pancakes.

❸ Dans une crêpière ou une poêle antiadhésive, fais fondre une noisette de beurre à feu moyen, sans qu'il brunisse. Tu peux utiliser un papier absorbant pour mieux le répartir. Il te servira par la suite à graisser ta poêle pour chaque crêpe. Si la pâte te semble trop dense, rajoute un peu d'eau ou du lait.

Il faut agir vite car la poêle est chaude et saisit la pâte.

❹ Verse une petite quantité de pâte avec la louche et, en tenant fermement la poêle, répartis- la uniformément, comme un disque fin.

❺ Repose la poêle sur le feu. Soulève les bords de ta crêpe avec une spatule plate en bois dès qu'elle commence à cuire. Quand il te semble qu'elle se décolle, glisse la spatule dessous et d'un geste sec, retourne-la.
Attends que des petites bulles se forment en surface au bout de quelques secondes, et fais-la ensuite glisser dans une assiette.

❻ Agrémente tes crêpes comme bon te semble : avec du sucre de canne et du beurre, avec du chocolat fondu, de la pâte à tartiner, du citron et du sucre, de la chantilly, de la confiture, du sirop d'érable…

Pour garder les crêpes chaudes, place une assiette au-dessus d'une casserole avec un peu d'eau qui frémit à feu très doux.

Torta pasqualina

Cette recette a deux mérites. C'est une magnifique manière de cuisiner les blettes, injustement mal-aimées des enfants, et ainsi de les faire changer d'avis ! Et c'est aussi une recette italienne typique de Gênes et sa région, servie principalement pour Pâques (Pasqua en italien), symbole de la renaissance après l'hiver et de la résurrection du Christ !

Ingrédients pour 4 à 6 personnes

- **250 g de farine blanche ou bise**
- **1 fromage frais de chèvre ou de brebis**
- **1 œuf**
- **10 c à soupe d'eau tiède salée**
- **1 botte de blettes bien vertes**
  Préfère celles qui ont de grandes feuilles car tu ne te serviras pas des côtes pour cette recette.
- **une dizaine d'olives noires** (des niçoises si tu trouves)
- **1 échalote**
- ***Facultatif :*** *un peu de parmesan râpé*
- **2 c à soupe de pignons de pin**
- **1 poignée de raisins secs**
- **8 c à soupe d'huile d'olive**
- **sel, poivre**

❶ Après avoir rincé et égoutté les blettes, coupe les feuilles en grosses lanières. Réserve les côtes pour une autre recette. Épluche ton échalote et émince-la assez finement au couteau.

❷ Prépare la pâte : dans un saladier, fais un puits dans la farine et verses 8 c à soupe d'huile et l'eau tiède salée. Du bout des doigts, remue et amalgame doucement, avec la paume de la main. La pâte va finir par se décoller des bords et former une belle boule élastique.

Amères blettes

Il y a des légumes, comme les blettes (ou bettes), les endives, les épinards ou la chicorée, qui sont les bêtes noires des enfants ! Jugées amères, et d'une couleur peu flatteuse, ils ont aussi laissé de mauvais souvenirs de cantines à leurs parents… Et pourtant, l'amer fait partie des cinq saveurs de base avec le sucré, le salé, l'acide et l'umami et c'est une aventure d'explorer les associations qui lui vont bien ! À ceux qui sont farouches, on suggère, comme ici, de tenter des notes douces : ajouter des raisins secs, une larme de miel, une goutte de vinaigre balsamique ou de la sauce soja qui réveille…

D'autres tourtes

À Gênes, la **pasqualina** traditionnelle prévoit des ingrédients qu'on ne trouve parfois qu'en Ligurie (région de Gênes) à cette saison : des petits artichauts, des petits pois, un fromage frais caillé. À Nice, non loin de là, la même tourte est un vrai dessert sucré : les blettes sont enrobées de raisins secs imbibés de rhum et de sucre brun ! C'est dire qu'elle n'est pas amère ! Tu peux remplacer les blettes par des épinards si tu préfères… Tu peux aussi te servir de cette pâte pour faire d'autres tourtes avec des restes d'un poulet rôti et des champignons par exemple, ou un reste de ratatouille !

Aide-toi de deux cuillères en bois pour remuer les feuilles sans les écraser. Tu verras que le volume des feuilles réduit considérablement.

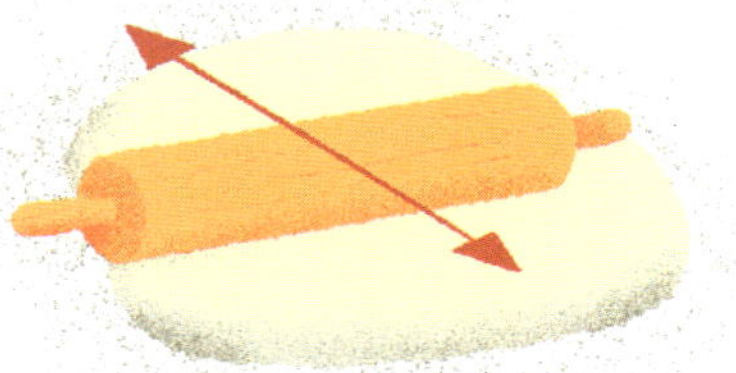

❹ Coupe-la pâte en deux parties inégales : utilise les 2/3 pour étaler le fond de tarte au rouleau. Farine le plan de travail pour qu'elle ne colle pas. Soulève le disque avec un rouleau et glisse-le dans un moule à tarte.

❸ Dans une poêle, verse 1 ou 2 c d'huile d'olive, fais chauffer à feu moyen-fort et ajoute l'échalote, les olives, un tour de moulin à poivre, du sel. Mélange et jette les blettes qui doivent être saisies. Ajoute ensuite les raisins, le fromage écrasé à la fourchette, l'œuf battu rapidement et éventuellement le parmesan. Dans une autre poêle, fais toaster les pignons quelques minutes. Ajoute-les et remue une dernière fois.

La pâte doit légèrement dépasser du moule. Ajoute la farce en laissant un bord de 2 cm autour. Préchauffe le four à 200 °C.

❺ Étale le restant de pâte de façon à former un couvercle pour la tourte. Pose-le sur la farce, il est forcément plus petit que l'autre. Rabats ensuite les bords en fronçant régulièrement les deux disques pour les coller. Avec la pointe d'un couteau, fais un tout petit trou au centre. Enfourne pour 30 min environ.

Pavlova

Pour une occasion particulière, une grande fête, un mariage ou un anniversaire, on s'habille, on se pomponne ! En cuisine, c'est pareil. Et la pâtisserie est la meilleure alliée : c'est elle qui fait rêver, qui arrive comme le bouquet final d'un feu d'artifice. Un peu d'application dans la présentation et le tour est joué !

Ingrédients pour une pavlova

POUR LA MERINGUE

Pour cette recette, on utilise du sucre blanc parce que c'est plus joli que la meringue et la chantilly soient bien blanches.

4 blancs d'œufs (environ 120 g) et le même poids de sucre blanc que de blancs d'œu**fs**

1 sachet de sucre vanillé

500 g à 750 g de framboises en saison seulement.

Facultatif : *du sucre glace pour la présentation*

POUR LA CHANTILLY

100 g de sucre blanc

40 cl de crème fleurette, bien froide

❶ Commence par la meringue. Casse les œufs en réservant les jaunes pour une autre utilisation.

Dans un cul-de-poule, bats les blancs et quand ils commencent à former une mousse blanche, ajoute progressivement leur poids de sucre. Monte les blancs en neige ferme et brillante. Préchauffe le four à 120 °C (chaleur tournante si possible).

La table comme une scène

Cueillir quelques fleurs et les parsemer sur la nappe ou en faire un bouquet au centre de la table, trouver de jolies serviettes, choisir une belle vaisselle, en plaçant les couverts selon l'usage (couteau à droite, fourchette à gauche, cuillère à dessert au-dessus de l'assiette horizontalement)...
La table est l'objet d'une mise en scène où convives et maîtres de maison ont un rôle a jouer. Ce rituel est très ancré en France, même en dehors des moments de fête. Dans les pays anglo-saxons, on grignote tout au long de la journée, mais le repas de famille tend à disparaître.

En souvenir d'Anna Pavlova

La pavlova est un dessert épatant et gourmand qui fait toujours belle impression, même avec d'autres fruits. C'est celui que des pâtissiers australiens ou néozélandais prétendent avoir créé en 1926 pour une célèbre danseuse russe. Il faut respecter la texture : des fruits fondants et pas croquants, pas de pomme ni de poire par exemple. C'est aussi mieux de jouer avec les couleurs : le blanc de la meringue et de la chantilly contraste bien avec les fruits rouges et les baies en général, ainsi que les fruits exotiques : lamelles de mangue, pêche, kiwi, fruit de la passion...).

❷ Sur un moule à tarte recouvert d'un papier sulfurisé, étale une couche de cette préparation. Forme un beau cercle, épais de 2 cm au moins. Ensuite, sers-toi d'un sac congélation dont tu auras coupé un des coins pour faire une poche à douille. Forme tout autour de ce cercle de petites pointes de neige côte à côte. Enfourne 1 h15 à 120 ° C puis laisse la meringue refroidir 1 h dans le four éteint avec la porte entrouverte.

❸ Prépare la chantilly. Dans un cul-de-poule, verse la crème bien froide et commence à fouetter doucement au batteur électrique ou au robot. Ajoute le sucre progressivement et surveille que la crème ne tourne pas en beurre. C'est prêt quand elle commence à former des vagues. Réserve-la au frais.

❹ Rince les framboises rapidement, sans trop les tremper, égoutte-les dans une passoire. Quand la meringue est froide, décolle le papier sulfurisé et pose-la sur un plat à dessert. Dans le creux de la meringue, étale une bonne couche de chantilly et dispose ensuite patiemment les fruits un à un. Commence par l'extérieur, côte à côte, et finis au centre. Au moment de servir, saupoudre d'un peu de sucre glace.

Bûche de Noël

Gâteau roulé, imitant la bûche de bois qu'on brûlait la nuit de Noël, il évoque à la fois le début de l'hiver, la nécessité de se réchauffer et le besoin de lumière. Mais c'est aussi le rappel de l'étable où Jésus est né, sans feu de bois précisément, juste réconforté par l'haleine chaude du bœuf et de l'âne gris.

Ingrédients pour 6 personnes

POUR LA GÉNOISE
qui sert à préparer le gâteau roulé :

- **100 g de sucre**
- **30 g de beurre fondu refroidi**
- **une pincée de sel**
- **50 g de farine**
- **4 œufs**
- ***Facultatif :*** *1 c à soupe de rhum brun*

POUR LA CRÈME

- **250 g de crème de marrons**
- **50 g de poudre d'amandes**
- **250 g de mascarpone**

Pour décorer la bûche : du cacao amer, des petits personnages, des brisures de marrons glacés…

❶ Commence par la génoise. Sépare les blancs des jaunes dans 2 saladiers.

Ajoute le sucre aux jaunes et fouette avec un batteur électrique jusqu'à ce que le mélange blanchisse. Ajoute la farine, la poudre d'amandes et le beurre, bats encore un peu. Réserve ce mélange. Monte ensuite tes blancs en neige avec une pincée de sel. Incorpore les blancs aux jaunes délicatement.

Rince les fouets sinon tes blancs ne monteront pas.

Les desserts de Noël

C'est la plus grande fête du calendrier chrétien mais c'est aussi devenu une fête laïque, l'occasion de retrouvailles en famille. En Italie, on aime le panettone, une brioche fourrée de raisins secs et fruits confits. En Grande-Bretagne, on commence dès le premier dimanche de l'avent à préparer le Christmas pudding, un gâteau flambé avec des fruits secs, des épices et de la graisse de rognons de bœuf. En Espagne, on mange du turrón, sorte de nougat, qui est l'un des treize desserts servis en Provence pour le réveillon.

Gâteaux roulés et sponge cakes

La bûche arrive à la fin d'un repas souvent très copieux. Les recettes traditionnelles sont à base de crème au beurre. Cette recette est faite avec du mascarpone, plus léger. Une fois que tu maîtrises la technique du gâteau roulé (ne te décourage pas si ça ne marche pas du premier coup), tu peux en farcir d'autres avec de la crème fouettée peu sucrée et de la confiture de framboises, ou avec une mousse au chocolat... Si tu fais une génoise dans un moule rond, que tu la coupes horizontalement, et que tu la farcis de crème fouettée et confiture, tu obtiens un Victoria sponge, le gâteau préféré de la reine Victoria, monarque anglaise qui a régné à la fin du XIXe siècle.

❷ Préchauffe le four à 180 °C (chaleur tournante). Sur une plaque, pose une feuille de papier sulfurisé qui dépasse des bords. Verse la pâte et étale-la en un beau rectangle. Enfourne pour 10 à 15 min. Dès qu'elle prend une couleur dorée, sors la génoise, elle ne doit pas trop cuire.

❸ Prépare un torchon propre que tu auras essoré soigneusement. Étale-le sur la table. Pose dessus un papier sulfurisé de même taille. Saupoudre d'une cuillère à soupe de sucre. Retourne sur ce torchon la génoise à peine sortie du four et retire le papier sulfurisé. Il te reste à l'enrouler sur elle-même sans trop serrer et à la réserver le temps de préparer ta crème.

❹ Fouette le mascarpone avec la crème de marrons. Sur le plan de travail, déroule le gâteau refroidi et tartine-le de la moitié de crème, à la spatule.

Enroule-le à nouveau. Cette opération demande du soin et de la dextérité. Ne te presse pas et ne t'effraie pas si ça déborde sur les côtés.

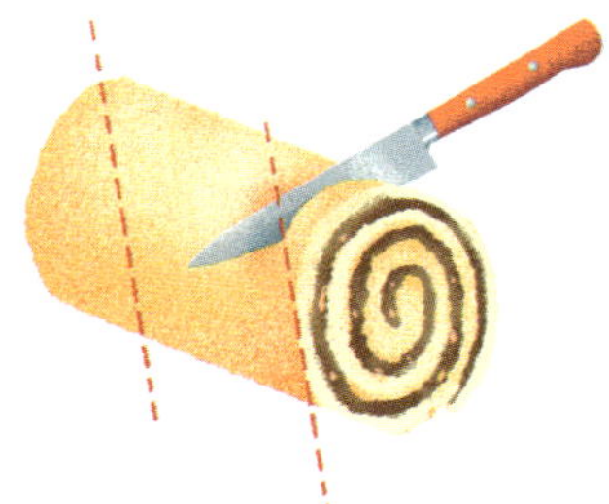

❺ Quand tu as fini, coupe les deux extrémités en biseau. Couvre la bûche d'un film étirable et réserve-la au frigo avec le restant de crème jusqu'au moment de servir.

❻ Sors la bûche du frigo et recouvre-la de crème avec une spatule. À l'aide d'une fourchette, dessine des rainures qui évoquent celles du bois. Saupoudre de cacao amer, décore comme tu préfères.

Moules farcies

En France, foie gras, saumon fumé, huîtres, caviar, homard, escargots, chapon… sont les invités des tables de Noël et de Nouvel An. Parfois, on « déguise » des aliments pour qu'eux aussi se parent de leurs beaux costumes pour faire la fête. C'est le cas de ces moules farcies, peu coûteuses, mais très goûteuses !

Ingrédients pour 4 personnes

36 à 48 moules de Bouzigues ou d'Espagne

Évite les moules de bouchot de la côte Atlantique, plus petites.

quelques tiges de persil et de céleri
Garde les feuilles pour la farce.

1 verre de vin blanc

1 échalote

25 g de beurre

1 botte de persil
dont tu n'utilises que les feuilles

POUR LA FARCE

150 g de beurre ramolli
à température ambiante

100 g de pain de mie
ou 10 c à soupe de chapelure

2 petites échalotes

80 g de noisettes

poivre

poivre
sel

Facultatif : *muscade, piment doux…*

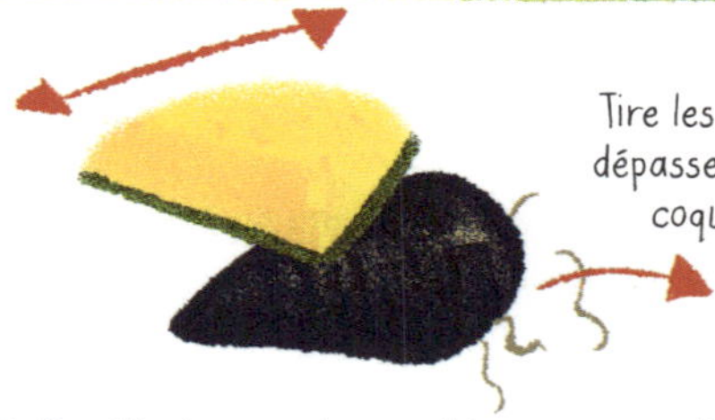

Si tu trouves une moule ouverte, même très peu, jette-la, elle est morte.

Tire les fils qui dépassent de la coquille.

❶ Gratte les moules rapidement avec le côté vert d'une éponge ou une brosse à légumes.

❷ Fais fondre un peu de beurre au fond d'une cocotte ou d'un grand faitout, ajoute l'échalote émincée, les tiges de persil et de céleri, le poivre et, quand le tout a été saisi, le verre de vin.

Petite histoire des coquillages

Te poses-tu parfois cette question simple quand tu manges quelque chose : est-ce que mes ancêtres, les hommes préhistoriques, en mangeaient déjà ? Pour les coquillages, il semblerait que les Anciens aient commencé à les manger avant même de se mettre à pêcher ou à chasser puisque leur récolte ne nécessitait aucun outil particulier.
Les Grecs se servaient des huîtres comme bulletin de vote pour bannir un citoyen jugé dangereux, d'où le mot ostracisme, du grec «ostrakon» , coquille d'huître !

Cuisiner les coquillages

Les moules de bouchot, plus petites, sont bonnes **à la marinière**, très prisées dans le nord de la France, en Belgique et en Hollande, cuisinées au beurre, vin blanc, échalote et persil, et servies avec des frites. Essaie aussi de farcir des coques ou leurs sœurs, plus grandes en taille, les palourdes ! Tu peux aussi faire gratiner au four les coquilles Saint-Jacques, avec une persillade aux champignons... même si leur chair délicate s'accommode encore mieux du plus simple : tout juste poêlées, ou même tranchées en fines lamelles et dégustées crues, saupoudrées de cacao amer et de vanille et d'une huile d'olive un peu douce ou juste de fleur de sel et d'un bon poivre !

❸ Laisse évaporer quelques minutes puis ajoute les moules. À feu fort, les coquilles vont s'ouvrir en un instant. Égoutte-les ou réserve-les dans un plat avec une écumoire et laisse-les refroidir le temps de préparer la farce.

❹ Dans un mini-hachoir ou mixeur, mets tous les ingrédients de la farce. Émiette le pain de mie, mais laisse les noisettes entières. Coupe le beurre en cubes s'il n'est pas ramolli. Arrête de mixer quand l'ensemble est bien haché et bien mélangé.

❺ Préchauffe le four à 210 °C. Ouvre les moules et garde une seule coquille. Aligne-les sur la lèchefrite et remplis chaque moule de farce à l'aide d'une petite cuillère. Enfourne pour quelques minutes, le temps que les moules dorent légèrement ! Sers rapidement, c'est meilleur chaud ! On mange avec les doigts... et on a le droit de lécher la persillade au fond de la coquille, comme avec les escargots !

Raviolis wonton en bouillon

Avant minuit, la nuit du nouvel an chinois, il faut que les petites mains habiles aient achevé de plier les raviolis, jiaozi. On les farcit de toutes choses, et on y ajoute un ingrédient « porte-bonheur », comme la fève dans la galette, en signe de prospérité ! Cette version, facile à préparer, est un bouillon de wonton, typique de Canton, dans le sud de la Chine.

Ingrédients
pour 4 personnes

Un paquet de feuilles à wonton
Facile à trouver en épicerie asiatique. Prends les plus simples (sans œuf).

1,5 l de bouillon de volaille ou de légumes bien parfumé
Tu peux utiliser un bouillon (cube ou poudre) et rajouter une noix de gingembre frais râpé, de la coriandre, 1 c à café de sauce soja, de la ciboule...

POUR LA FARCE

1 c à café de sucre

150 g de porc haché

1 c à café de sauce soja

2 c à café de vin de riz
Si tu n'en as pas, remplace par du cognac ou du vin de Xérès.

1 c à café d'huile de sésame

150 g de chair de crevettes fraîches ou décongelées (mais crues !)

ciboule ou oignons frais avec leur tige

1 noix de gingembre frais

1 blanc d'œuf légèrement battu à la fourchette
Celui-ci donne un bon liant à la farce.

sel, poivre

❶ Prépare la farce : hache menu la chair des crevettes, mélange-la à la viande. Ajoute 3 c à soupe de ciboule coupée et 2 c de gingembre, ajoute aussi les autres ingrédients jusqu'à ce qu'ils soient bien mêlés. Place au frais pendant 30 min.

Des gestes ancestraux

Certaines recettes se transmettent de génération en génération et donnent aux fêtes leur goût particulier. Parce qu'elles requièrent du temps et un vrai savoir-faire, elles ne sont souvent réalisées qu'une fois l'an. Il en va de même pour les tortellini que préparent les Italiens d'Émilie-Romagne (région de Bologne) à Noël, en forme de petits chapeaux faits un par un à la main, farcis de viande, de jambon cru et de parmesan et cuits dans un bouillon parfumé... ou des kagami-mochi japonais, gâteaux de riz du nouvel an qu'il faut longuement plier. L'industrialisation est passée par là, et on peut maintenant manger des raviolis facilement... mais ceux que l'on prépare soi même auront une saveur unique.

Dim sum en plein cœur !

Une autre façon de consommer ces bouchées délicieuses consiste à les savourer cuites, avec du thé, dès le petit déjeuner. On les appelle alors **dim sum**, littéralement « toucher le cœur ». Dans le sud de la Chine et à Hong Kong, les cha lau, maisons de thé, ouvrent de bon matin pour servir les premiers clients, dans un ballet de chariots couverts de paniers de bambou. Le thé est servi pour désaltérer et aider à la digestion, car les **dim sum** s'encanaillent, farces bien grasses et goûteuses ! L'après-midi, rideaux tirés, les restaurants sont fermés, toutes les bouchées sont dévorées. Et le week-end, ce sont les familles qui prennent d'assaut ces immenses salles de restaurant !

❷ Prépare ensuite les raviolis. Sur chaque carré de pâte, pose 2 c à café de farce. Trempe un doigt dans un verre d'eau et passe-le sur les bords du carré, c'est ce qui va sceller la pâte.

❸ Replie en triangle, puis attrape les deux extrémités pour les joindre et les coller. N'oublie pas d'avoir les doigts toujours bien humides pour fermer les raviolis car la pâte sèche vite. Continue jusqu'à épuiser la pâte ou la farce !

❹ Chauffe le bouillon jusqu'à frémissement. À part, fais bouillir de l'eau. À ébullition, plonge les raviolis et dès qu'ils remontent à la surface, sors-les avec une écumoire et glisse-les dans le bouillon. Prolonge la cuisson 2 min et sers avec de la ciboule fraîche ou de la coriandre.

Chapitre 7

Au gré des saisons

Les étals sont une magnifique vitrine du terroir et du temps qui passe. Il n'y a qu'à observer les variétés de poissons, les crustacés en saison, les fruits et les légumes des maraîchers, les fromages qui embaument ! Se promener dans un marché est une bonne éducation au goût : on apprend vite à déceler le bon du moins bon, le fruit de saison tant espéré de celui qui a poussé trop vite sous une serre chauffée. C'est aussi l'occasion d'aller à la rencontre d'hommes et de femmes qui cultivent, des passeurs de trésors qui perpétuent leur savoir-faire.

Confiture de fraises

Quand les barquettes de « vraies » fraises de saison arrivent sur les étals, on sent que le printemps a enfin vraiment commencé. Le plus grand plaisir, c'est de les cueillir soi-même, et d'en croquer une en passant. Nature, ou avec de la chantilly, la fraise est un dessert parfait. Et, pour faire durer le plaisir, rien de tel qu'une confiture maison.

Ingrédients
pour 4 pots

1 kg de fraises
Choisis des fruits à point, pas trop mûrs, et plutôt de petites fraises, elles sont plus goûteuses et sucrées et tu n'auras pas à les couper. Si tu trouves des fraises des bois, ne t'en prive pas !

le jus d'un citron
Le citron exhale le goût des fruits et facilite leur gélification.

700 g de sucre de canne ou de sucre cristallisé

Attention, n'oublie pas de prévoir des pots de verre avec des couvercles. Il faut qu'ils soient soigneusement nettoyés, sous peine d'abîmer ta confiture... Tu peux aussi recycler d'anciens pots, à condition qu'ils soient bien propres, surtout les couvercles.

❶ Rince rapidement les fruits et équeute-les avec la pointe d'un couteau. Si les fraises sont petites, laisse-les entières. Sinon, coupe-les en deux dans la hauteur. Dans une jatte arrose les fraises d'un jus de citron et verse le sucre. Mélange, couvre d'un torchon propre ou d'une feuille de papier sulfurisé et laisse macérer les fruits pendant quelques heures au réfrigérateur, une nuit dans l'idéal.

Une histoire douce

On a su très tôt comment conserver les produits frais en les mélangeant au sel... mais, pour le sucre, il a fallu attendre. Les Romains cuisaient des fruits dans du vin ou du miel mais la confiture telle qu'on la connaît aujourd'hui existe seulement depuis le XVIIe siècle, et a commencé à se diffuser plus largement quand on a su fabriquer du sucre blanc, moins cher grâce aux betteraves sucrières. Plus on met de sucre, mieux les fruits se conservent... mais leur goût n'est alors pas aussi prononcé : c'est ce qu'on obtient avec des pâtes de fruits. Si l'on met peu de sucre, la confiture risque d'être plus liquide et de se conserver moins longtemps.

Les astuces pour faire des confitures

Cette méthode, en plusieurs étapes, est la même pour toutes les confitures. Si ta cuisine est équipée d'une véritable bassine à confiture, tu peux t'en servir. Ces chaudrons en cuivre permettent à la confiture de cuire rapidement et de mieux gélifier. Selon les fruits, tu peux ajouter des épices : vanille, anis étoilé, bâton de cannelle. Certains fruits gélifient plus facilement parce qu'ils contiennent davantage de pectine comme les mûres ou les agrumes, les pommes et les groseilles. Sinon, tu peux utiliser de l'agar-agar, vendu dans les rayons bio. Naturel, à base d'algues, il est très efficace. Utilise 1 c à café bombée pour 1 kg de fruits.

❷ Dans une casserole, porte les fraises macérées jusqu'à frémissement. Quand de petites bulles se forment à la surface, sans que cela bouille, arrête le feu. Laisse refroidir, puis place à nouveau au frais pendant plusieurs heures, une nuit dans l'idéal (si tu utilises une bassine en cuivre, transvase les fruits dans une jatte en porcelaine ou en acier inoxydable).

❸ Égoutte les fruits et réserve-les pendant que tu portes le sirop restant à ébullition. Retire la mousse qui se forme avec une écumoire. Surveille ce sirop : quand il atteindra 105 °C, il se concentrera, ce qui donnera sa bonne consistance à ta confiture. La méthode consiste à placer une soucoupe au freezer et à y verser quelques gouttes de sirop. Quand le sirop se fige sur l'assiette, il est prêt. Verse alors les fruits délicatement, confis-les encore 5 min dans ce sirop et c'est prêt.

❹ Prends un pot vide et remplis-le à l'aide d'une louche presque à ras bord. Couvre et retourne-le jusqu'à ce qu'il refroidisse. Nettoie les éventuelles coulures avec une éponge propre. Ensuite, stocke à l'abri de la lumière et ne laisse pas trop vieillir cette confiture.

Tian de légumes

Le tian est une recette emblématique de la cuisine provençale et une des plus belles manières de célébrer les légumes de l'été. Indispensable de ne le préparer qu'en cette saison d'ailleurs, sans quoi il manquerait de saveur. Et comme il a l'avantage de se faire oublier dans le four, on peut le mitonner un peu à l'avance et aller faire un tour…

Ingrédients
pour 4 à 6 personnes

❶ Après les avoir rincés et débarrassés de leurs queues, coupe les légumes en rondelles et réserve-les dans trois saladiers distincts.
Tu peux te servir d'une mandoline réglable pour les courgettes ou les aubergines (il faut que les tranches ne dépassent pas 0,5 cm). Sinon, une planche à découper et un couteau bien aiguisé, seront parfaits.

Agriculture solidaire

Face à certains scandales alimentaires, une nouvelle façon de cultiver et de consommer a vu le jour : manger des légumes, mais des légumes de saison et, si possible cultivés sans pesticides ni engrais, et de surcroît pas trop loin de chez soi pour éviter les longs transports… Pour bien des agriculteurs, le système des Amap (Association pour le maintien d'une agriculture paysanne) est salutaire : des «abonnés» achètent leur récolte à l'avance, permettant de réinvestir et de soigner leurs cultures, sans utiliser de produits nocifs pour leur santé et celle de ceux qui consomment les fruits de leur labeur.

D'autres recettes

Laisse aller ton imagination mais respecte les textures qui s'accompagnent et les couleurs qui contrastent. Sur le même principe, tu peux faire des tians à ton goût, ajouter des pommes de terre, des champignons, des poivrons, du potiron. En Provence, on en fait même avec des anchois ou de l'agneau… Le secret, c'est d'être bien organisé et d'avoir la patience de bien disposer les légumes, serrés et bien coupés pour qu'à la fin, le plat soit beau à voir.

❷ Assaisonne ensuite chaque légume : gros sel, quelques tours de moulin à poivre, ail (1 gousse écrasée au presse-ail ou émincée finement pour chaque légume) et 2 c à soupe d'huile d'olive pour chacun. Parsème de thym.

❸ Arrose un plat à gratin d'un filet d'huile d'olive. Émince ensuite les oignons et dispose-les comme un tapis dans le plat. Sale, poivre, et effeuille encore une branche de thym. Ensuite, comme un jeu, aligne les rondelles de légumes côte à côte et dispose-les verticalement, bien serrés, en respectant toujours le même ordre : aubergine, tomate, courgette, jusqu'à remplir entièrement le plat. Arrose d'un dernier filet d'huile d'olive.

❹ Enfourne à 180 °C pour 30 min, en couvrant ton plat d'un papier sulfurisé ou d'une feuille aluminium. Augmente ensuite le thermostat à 220 °C pendant 30 min. Enlève ensuite le papier et laisse les légumes finir de confire pendant 20 à 30 min. Les légumes vont avoir les bords presque caramélisés mais ne doivent pas griller ! Chaud, tiède ou froid, c'est un plat qui accompagne un barbecue, quelques boules de mozzarelle, des œufs…

Soupe au potiron

Le potiron, c'est l'ami des enfants. Pas seulement parce qu'il sert à faire de jolies lanternes pour Halloween mais aussi parce que son goût légèrement sucré est facile à aimer et sa texture, douce. Quand les premières courges apparaissent sur les étals des maraîchers, la fin de l'été est proche.

Ingrédients pour 4 à 6 personnes

un morceau de potiron d'environ 1 kg (courge musquée, sucrine du Berry ou butternut). Il en existe de nombreuses variétés, amuse-toi à les regarder et à les essayer.

1 échalote

40 g de beurre

sel, poivre noir

Facultatif : *de la noix de muscade, quelques feuilles de thym*

Facultatif *: 1 c de crème ou une tasse de lait*

Récupère les pépins et fais-les sécher à l'abri. Les graines qui sont cachées à l'intérieur agrémenteront tes salades.

❶ Fais chauffer environ 1 l d'eau. Réserve-la quand elle est chaude. Commence par peler la courge. Sers-toi d'un économe ou d'un éplucheur. Si la peau est trop épaisse, utilise un couteau à partir de tranches plus fines. Coupe la courge en cubes sur une planche, et sois prudent avec le couteau car c'est parfois difficile à couper. Épluche ensuite l'échalote et émince la menu.

Depuis la nuit des temps

Quand il a apprivoisé le feu, l'homme a fait mijoter dans des pots des bouillons d'herbes, de céréales qu'il avait commencé à cultiver, des graines, des os, de la viande, du poisson. C'est d'ailleurs le mot « pot », qui est à l'origine de « potage » et « potager ». La soupe était initialement une tranche de pain trempée dans un bouillon. Le velouté, du mot « velours », désigne une soupe mixée finement à laquelle on ajoute éventuellement de la crème. Certains enfants adorent la soupe, d'autres la détestent, comme Mafalda, l'héroïne argentine de bande dessinée, accablée par la toute puissance de sa mère : « Mange ta soupe ! »

D'autres recettes

Avec le potiron et toutes ses variétés notamment le potimarron, plus épais, qui a un léger goût de châtaigne, on peut faire de belles recettes d'automne. Par exemple farcir un petit potimarron de champignons de Paris et de lardons poêlés avec une cuillère de crème ou préparer un **risotto de potiron**. En procédant presque comme pour la soupe, ajoute du riz rond, ou spécial risotto mélangé au potiron émincé finement avant d'ajouter progressivement l'eau (2 mesures de liquide pour 1 mesure de riz). Enfin, du **potiron rôti au four,** coupé en tranches et assaisonné d'un filet d'huile d'olive, 20 à 30 min à 210 °C.

Tu peux compléter avec du lait qui enrichit la soupe et la rendra encore plus veloutée.

❷ Fais fondre le beurre à feu moyen avec l'échalote. Ajoute quelques grains de gros sel et donne un bon tour de moulin à poivre. C'est le moment de râper un peu de noix de muscade si tu aimes ça... Ajoute ensuite le potiron. Remue avec une cuillère en bois, couvre et laisse quelques minutes, le temps que les légumes s'enrobent légèrement de beurre, d'épices, d'échalote.

❸ Couvre ensuite avec l'eau que tu as fait chauffer, mais pas trop : il faut que certains cubes de potiron émergent comme la pointe des icebergs. Pose le couvercle en le laissant légèrement ouvert. Laisse mijoter à feu doux-moyen (il faut que ça frémisse) jusqu'à ce que le potiron soit très tendre (environ 20 min).

❸ Goûte et vérifie l'assaisonnement. Ajoute éventuellement un peu de sel, de poivre. Mixe ensuite très finement (sois prudent, c'est brûlant) dans un blender ou avec un mixeur plongeant. Si tu aimes, ajoute une belle cuillère à soupe de crème épaisse. Sers dans des bols. Avec une petite salade, du pain et un morceau de fromage, tu as un dîner complet !

Tartiflette

Parce qu'elles sont riches et que leurs ingrédients sont souvent les spécialités du terroir montagnard, les recettes de fromage fondu : raclette, tartiflette, fondue savoyarde ... sont synonymes d'hiver et de dîner réconfortant ! Fabriqué uniquement en Savoie, le reblochon est le roi de la tartiflette !

Ingrédients pour 4 personnes

- **1 kg de pommes de terre** (variété charlotte, belle de fontenay, monalisa...). La chair doit « se tenir » à la cuisson, sans être trop ferme.
- **1 reblochon fermier bien affiné** Demande conseil à un fromager.
- **200 g de lardons**
- **2 gros oignons**
- **beurre**
- **huile d'olive, une noisette de beurre, sel, poivre**
- **1 feuille de laurier**
- **3 gousses d'ail**

Facultatif : *un verre de vin blanc*

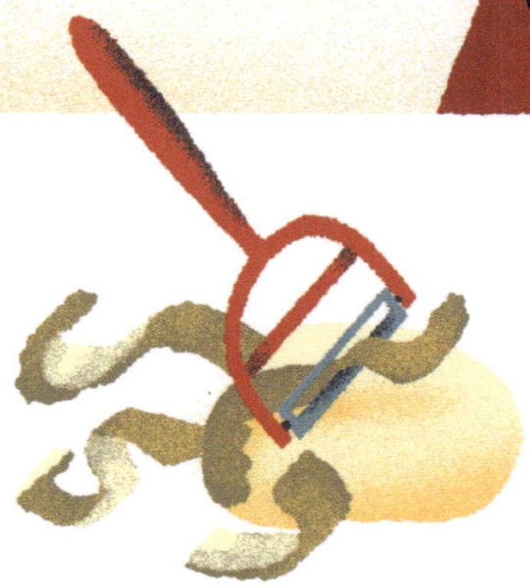

❶ Épluche les pommes de terre et mets-les à cuire à la vapeur si possible. Un fond d'eau (2 à 3 cm), une feuille de laurier, une gousse d'ail épluchée, et 30 min à feu moyen à couvert. Vérifie la cuisson, la lame d'un couteau doit s'enfoncer facilement. Sers-toi d'un panier vapeur qui s'ouvre comme un parapluie.

« Chacun ses goûts »

Si le lait est consommé partout dans le monde, notamment par les enfants, les fromages eux sont véritablement des « marqueurs d'identité » : ils délimitent des frontières culturelles. Les Asiatiques consomment si peu de laitages que leurs organismes auraient perdu la capacité de bien les digérer, ce qui ne fait qu'accentuer leur dégoût. Chacun ses goûts : si un camembert ou un roquefort fait fondre bien des Français, nous restons souvent de marbre devant des cubes de tofu... En France, nous sommes les champions de la diversité : on compte plus de mille fromages !

D'autres recettes

Il y a mille et une façons de cuisiner le fromage. La **raclette** est une autre recette conviviale (chacun fait ce qui lui plaît dans sa petite poêle... à condition d'être équipé d'un appareil adéquat).
Le **mont d'or au four**, au bon goût boisé de l'épicéa qui entoure le fromage, a le mérite d'être enfantin à faire : entoure sa boîte de papier aluminium, fais un trou en son centre dans lequel tu plonges une gousse d'ail émincée et enfourne-le pour 30 mn à 180 °C ! Enfin, en Savoie, on prépare aussi de la **fondue** : on trempe des morceaux de pain dans un mélange de fromages qui fondent ensemble avec un peu de vin (emmental, beaufort, abondance...).

❷ Pendant ce temps, épluche les oignons, émince-les finement à la mandoline ou au couteau (ça fait pleurer) et fais-les revenir à la poêle dans 1 c à soupe d'huile d'olive avec un peu de sel et de poivre noir.

Ajoute un verre de vin blanc quand les oignons commencent à dorer, cela leur donnera une pointe d'acidité bien agréable.

❸ Dans la même poêle, mets les lardons à feu doux sans ajouter de matière grasse (la graisse des lardons va fondre doucement) jusqu'à ce qu'ils commencent à dorer.
Tu peux ajouter un peu de poivre.

❹ Sur une planche à découper, coupe le fromage en quatre : émince ensuite en lamelles d'1/2 cm environ. Inutile de retirer la peau. Réserve-les. Épluche les gousses d'ail et hache-les menu.

❺ Préchauffe le four à 180 °C. Quand les pommes de terre sont cuites, coupe-les en rondelles que tu étales en une couche régulière, dans un plat à gratin légèrement beurré. Parsème ensuite d'ail, ajoute les lardons dorés, les oignons et les lamelles de reblochon. Recommence et continue jusqu'à finir par le fromage. Enfourne pour une vingtaine de minutes, le temps que le tout fonde et gratine. Servi avec une salade verte rafraîchissante, c'est un repas très riche !

index

Des livres de cuisine

L'appétit vient en lisant !
Ma grand-mère avait coutume de feuilleter des livres ou des magazines de cuisine et de les refermer, satisfaite, en disant qu'avec ça, elle avait (presque) déjà mangé !

Si tu es gourmand, tu vas aimer découvrir ce genre particulier qu'est le livre de cuisine. Il en existe de toutes sortes, des très pratiques, avec des photos alléchantes, qui expliquent tous les gestes, et d'autres, plus austères, mais parfois passionnants, qui ne sont faits que de texte en noir et blanc !

Ce qui les distingue, c'est souvent ce à quoi ils sont consacrés : outre les deux grandes familles (cuisine et pâtisserie), ils se spécialisent de plus en plus. On ne compte plus les livres consacrés à telle douceur (cupcake, smoothie, cookies...) ou telle spécialité (burger, quiches, salades, soupes...). Ils se distinguent aussi selon l'origine de la cuisine : régionale (recettes de Provence, de Bretagne ou d'Alsace) ou plus exotique (italienne, libanaise, japonaise, marocaine...). Enfin, les nouvelles façons de consommer ne sont pas délaissées : cuisine végétarienne ou sans gluten, avec des algues ou des graines... Tous les gourmands ont leur livre !

PS : le meilleur livre de cuisine sera toujours celui que tu vas écrire toi-même. Dans un cahier, note tes recettes, corrige les quand tu les améliores, colle celles que tu découpes dans les magazines... et inscris les idées que tu glanes quand tu vas au restaurant, chez des amis ou quand tu voyages !

Carole Saturno

Quand elle voyage et qu'elle écrit des articles pour le magazine GÉO ou des guides pour Gallimard, Carole Saturno n'oublie jamais de raconter le goût de l'ailleurs. Son amour pour tout ce qui se mange est une histoire qui remonte aux longues heures passées à regarder sa grand-mère et sa mère pétrir la pâte, préparer la sauce tomate... mais pas que : « *chaque mercredi, à la sortie du conservatoire, mon frère et moi attendions nos parents dans le salon de thé d'une très bonne pâtisserie. Nous y avions nos habitudes, nous prenions un bon gâteau, une boisson chaude. Ça n'a l'air de rien, mais ça a été une leçon de vie, de se trouver là, d'apprendre à savourer*. »

Chez Gallimard Jeunesse, elle a publié *Enfants d'ici, parents d'ailleurs* ; *La Ville mode d'emploi* ; *Aujourd'hui en Italie, Federico à Bologne* et en collaboration avec France Bourboulon et Flora Geffroy-Kearley, *L'Amérique, du Canada au Paraguay*.

Thomas Baas

Thomas Baas est né à Strasbourg. Diplômé en 2000 des Arts Décoratifs de la ville (atelier de Claude Lapointe), il est à la fois illustrateur et affichiste. Humour, tendresse, personnages un brin rétros, couleurs soigneusement choisies, typos ciselées caractérisent son style sophistiqué...
Un vrai gourmand, un fin gourmet qui se délecte à régaler ses jeunes – et moins jeunes – lecteurs.

Direction éditoriale : Thomas Dartige
Édition : Jeanne Hély
Direction artistique : Elisabeth Cohat
Conception graphique et maquette :
Marguerite Courtieu et Christine Régnier
Préparation et correction : Lorène Bücher et Isabelle Haffen
Fabrication : Hélène Rossignol

PEFC
PEFC/01-31-246
Certifié PEFC
Ce produit est issu de forêts gérées durablement, de sources recyclées et contrôlées.
www.pefc.org